아플리케가 있는
파우치와 가방 만들기

아플리케가 있는
파우치와 가방 만들기

양은주 지음

팜파스

Prologue

시작은 '마음에 꼭 드는 가방을 찾기가 어려워서'였습니다. 저의 취향이 녹아 있는 그리고 책 한 권이 쏙 들어가고 어디든 간편하게 척척 메고 다닐 수 있는 가방을 찾을 수가 없어서 직접 만들어야겠다는 생각이 들었죠.

직접 만든 가방이 하나둘 늘어나면서 소소한 경험들도 하게 되었습니다.
처음 만든 가방은 여자아이의 얼굴을 아플리케 한 옥스퍼드 원단 가방이었는데, 들고 나가는 날이면 꼭 '어디서 구할 수 있냐'는 질문을 받거나 그런 질문하기를 망설이는 듯한 시선을 느꼈죠. 외출할 때 충전기를 자주 깜빡하는 친구를 위한 선물로 만든 '충전기 아플리케 파우치'는 반응이 좋아 판매까지 하게 되었지요.
처음에는 그저 제가 좋아하는 가방을 만들기 위해서였지만, 촉감 좋은 천 조각을 이어 붙여 가방을 만들면서 작은 기쁨들을 느끼게 되었습니다. 이렇게 가방을 만드는 과정의 기분 좋은 순간들은 제 작업의 힘이 되고 있습니다.

여러분도 이 책을 통해 그런 순간들을 느껴보았으면 좋겠습니다. 내 손에 쥐었을 때 어울릴 만한 파우치를 떠올리며 스케치하듯 도안을 그려보고(그림이 서툴어도 괜찮아요!), 마음에 드는 천을 직접 골라보세요. 제가 엄선해서 수록한 다양한 아이디어의 아플리케를 따라 하거나(꼭 '똑같이' 만들려고 하지 않아도 좋아요!) 취향에 따라 살짝 변형시켜 세상에 하나밖에 없는 가방을 만들어보세요. 많은 분이 이 책에서 영감을 얻고, 직접 원단을 매만지며 만드는 일의 즐거움을 느낄 수 있기를 바라요.

Contents

PROLOGUE · 005

BASIC.01
도구와 재료
1. 필요한 도구 · 012
2. 필요한 재료 · 014
3. 주로 쓰는 원단 · 016

BASIC.02
재봉틀 사용법
1. 재봉틀의 부분 명칭과 기능 · 020
2. 재봉틀의 사용 방법 · 022
3. 기본적인 재봉 방법 · 027

BASIC.03
지그재그 스티치와 퀼팅 풋 노루발을 활용한 아플리케
1. 지그재그 스티치 · 030
2. 퀼팅 풋 노루발로 선 표현하기 · 033
3. 아플리케 과정 한 번에 보기 · 034

Q & A · 038

PART 01
파우치 만들기

- **기본 파우치 만들기** 기본 지퍼 파우치 만드는 방법 · 042
- **기본 파우치 만들기** 바닥 폭이 있는 지퍼 파우치 만드는 방법 · 045

---── 기본 파우치를 이용한 파우치 ──---

케첩 & 머스터드 파우치
· 049 ·

선탠하는 소녀 파우치
· 057 ·

선인장 목걸이 카드지갑
· 065 ·

문 파우치
· 073 ·

무드 파우치
· 081 ·

샴페인 필통
· 089 ·

도토리와 다람쥐 파우치
· 099 ·

─── 바닥 폭이 있는 지퍼 파우치를 이용한 파우치 ───

브런치 파우치
· 109 ·

드라이 플라워 파우치
· 117 ·

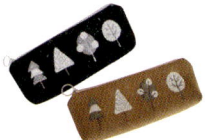
눈나무 필통
· 123 ·

─── 다양한 파우치 ───

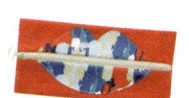
입술 필통
· 131 ·

아이스크림 파우치
· 137 ·

베레모 소녀 생리대 파우치
· 145 ·

브레드 카드 지갑
· 153 ·

집 파우치
· 163 ·

PART 02

가방 만들기

- **기본 숄더백 만들기** 기본 숄더백 만드는 방법 · 174
- **기본 숄더백 만들기** 바닥 폭이 있는 숄더백 만드는 방법 · 181

—— 기본 숄더백을 이용한 가방 ——

얼굴 드로잉 가방　　　**디자인 맵 가방**　　　**목화솜 가방**
· 185 ·　　　　　　　· 191 ·　　　　　　　· 201 ·

—— 바닥 폭이 있는 숄더백을 이용한 가방 ——

소녀 가방　　　　**뻐꾸기 시계 가방**　　　**석고상 가방**
· 209 ·　　　　　　　· 215 ·　　　　　　　· 221 ·

―――― 다양한 가방 ――――

레몬 & 아보카도 물병 가방
· 229 ·

티포트 도시락 가방
· 239 ·

레몬 네트백
· 249 ·

그리너리 크로스백
· 259 ·

디자인 맵 클러치
· 267 ·

플라워 삼각 클러치
· 275 ·

티타임 클러치
· 283 ·

정물화 가방 1
· 289 ·

정물화 가방 2
· 295 ·

BASIC.01

도구와 재료

1. 필요한 도구

① **재봉틀** 가정용 재봉틀에는 다양한 스티치 기능이 내장되어 있어 활용도가 좋습니다.

② **실** 바느질할 때 사용하는 실입니다. 주로 원단 색과 비슷한 색으로 맞춰 사용합니다.

③ **재단 가위** 원단을 자를 때 사용하는 가위입니다. 날이 상하지 않게 원단을 자르는 용도로만 사용하세요.

④ **쪽가위** 실밥을 자르거나 정리할 때 사용합니다.

⑤ **실뜯개** 잘못된 바늘땀을 뜯을 때 사용합니다.

⑥ **패브릭용 수성펜** 물에 지워지는 펜으로 도안을 그리거나 아플리케를 옮겨 그릴 때 유용합니다.

⑦ **풀** 아플리케 원단을 고정시킬 때 사용합니다. 패브릭용 풀도 있습니다.

⑧ **자** 원단에 완성선과 시접선을 그릴 때 사용합니다.

⑨ **다리미** 심지를 붙이거나 완성된 작품을 다릴 때 사용합니다.

⑩ **초크** 도안을 그릴 때 사용합니다.

⑪ **J노루발(지그재그 노루발)** 기본적인 재봉이나 지그재그 스티치를 할 때 쓰는 노루발입니다.

⑫ **퀼팅 풋 노루발** 원하는 방향으로 천을 이동시키면서 재봉할 수 있는 노루발입니다.

⑬ **시침핀** 원단을 고정시킬 때 사용합니다.

⑭ **옷핀** 복주머니 형태의 가방을 만들 때 끈에 옷핀을 끼워 넣으면 작업이 더욱 수월합니다.

⑮ **재봉틀 바늘** 호수가 작아질수록 얇은 원단에 적합합니다. 파우치, 가방을 만들 때는 주로 14호를 씁니다.

⑯ **바늘** 손바느질 할 때 사용합니다. 바늘의 호수가 클수록 바늘은 얇고 짧아집니다.

⑰ **분무기** 수성펜 자국을 지우거나 구겨진 원단을 다릴 때 꼭 필요합니다.

2. 필요한 재료

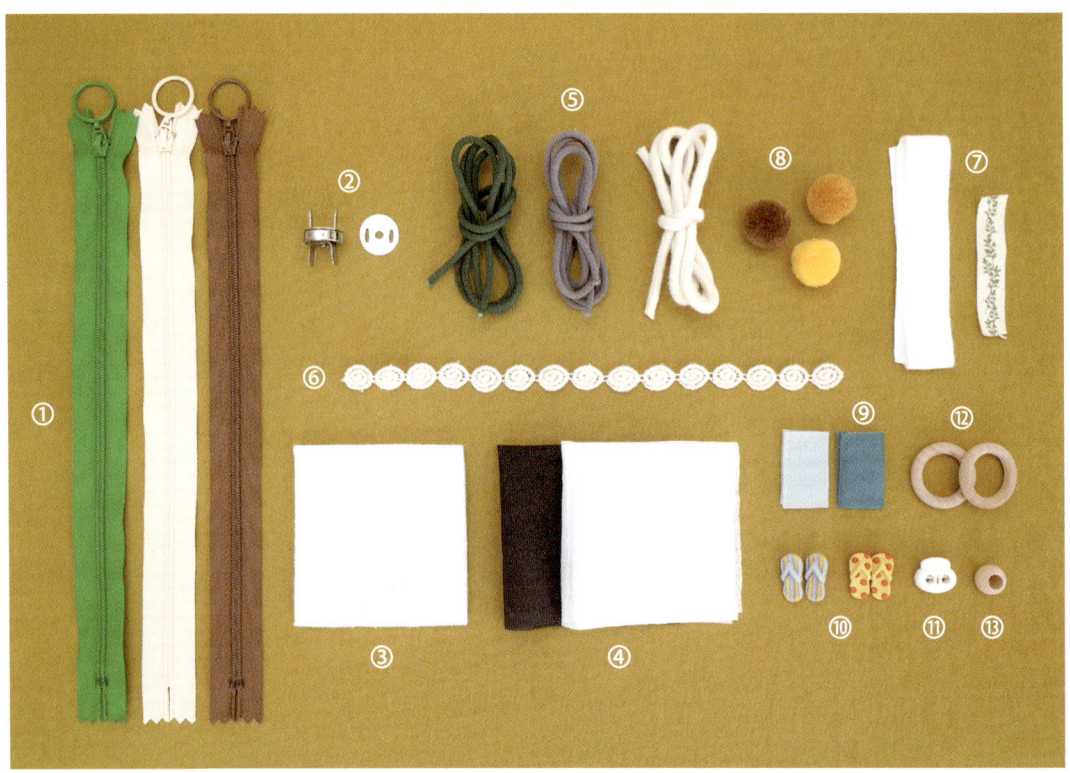

① **지퍼** 책에 수록된 작품에는 주로 코일지퍼나 금속지퍼를 사용했습니다. 길이는 별도의 표시가 없으면 25cm로 충분합니다.

② **자석단추** 가방의 여밈 부분에 다는 자석으로 된 금속단추입니다. 여닫기가 편리합니다.

③ **접착 솜 심지** 원단에 힘과 두께를 더하고 싶을 때 사용합니다. 원단의 뒷면에 놓고 다리미로 다려주면 접착이 됩니다. 소품 만들 때는 주로 2~4온스를 사용하는데 숫자가 커질수록 두꺼워집니다.

④ **아사 접착 심지** 원단에 힘을 더하고 싶을 때 뒷면에 붙여줍니다. 가방 끈에 붙이면 무거운 짐을 넣었을 때 끈이 늘어나는 것을 방지할 수 있습니다.

⑤ **끈(스트링)** 복주머니 형태의 가방을 조이는 끈이나 장식용 고리로 사용합니다(선인장 목걸이 카드지갑, 레몬 & 아보카도 물병 가방, 티포트 도시락 가방, 레몬 네트백).

⑥ **레이스** 소품의 가장자리나 이음선을 장식하는 용도로 사용합니다.

⑦ **면테이프** 시접을 감싸거나 고리를 만드는 용도로 사용합니다(브레드 카드지갑, 디자인 맵 가방, 플라워 삼각 클러치).

⑧ **폼폼** 소품에 귀여운 포인트를 주고 싶을 때 사용합니다(브런치 파우치, 아이스크림 필통).

⑨ **벨크로** 일명 '찍찍이'라고 불리는 벨크로는 여닫을 때 편리하게 사용합니다(베레모 소녀 생리대 파우치).

⑩ **데코단추** 소품에 포인트를 주고 싶을 때 장식용으로 사용합니다(선탠하는 소녀 파우치).

⑪ **스토퍼** 복주머니 형태의 가방을 만들 때 스트링을 넣어서 조여주는 역할을 합니다(선인장 목걸이 카드지갑, 레몬 & 아보카도 물병 가방).

⑫ **우드링** 나무로 된 링입니다. 장식용으로 쓰거나 끈을 달 때의 부속으로 사용합니다(그리너리 크로스백).

⑬ **구슬** 구슬에 끈을 넣어서 묶는 용도로 많이 사용합니다. 옷에 달린 모자 끈에 주로 사용합니다.

3. 주로 쓰는 원단
파우치와 가방을 만들 때 주로 쓰는 원단입니다.

면(코튼)

천연 섬유 중에서 가장 많이 사용하는 섬유로 수분의 흡수성, 통기성이 좋고 세탁과 관리가 편리합니다. 소품을 만들 때는 주로 10~30수의 면을 사용하는 데 이때 '수'는 원사의 굵기를 의미합니다. 숫자가 커질수록 원사가 가늘어져 얇아지고, 숫자가 작아질수록 원사가 굵어져 두꺼워집니다. 30수 이상의 원단은 주로 여성복, 속옷, 가방의 안감 등을 만들 때 사용하고, 7~20수 원단은 가방의 겉감이나 쿠션 등 두껍고 튼튼한 것들을 만들 때 사용합니다. 면은 화학 가공되지 않은 광목, 프린트 원단, 옥스포드 원단 등 종류가 다양하기 때문에 폭넓게 활용되고 있습니다.

• 10수 옥스포드 면

• 20수 면

• 30수 면

린넨(마)

린넨은 마직물의 한 종류로 자연스러운 색감과 질감을 가진 천연 원단입니다. 수분의 흡수성이나 통기성이 좋고 촉감이 까슬까슬한 느낌이 나기 때문에 리빙 용품의 재료로 많이 쓰입니다. 질기고 잘 구겨지는 특성이 있어서 자연스러운 느낌의 옷, 가방, 파우치 등을 만들기에도 적합합니다. 린넨은 수분을 만나면 수축하는 성질이 있기 때문에 작업 전에 세탁을 해주는 것이 좋습니다.

모직(울)

동물의 털로 만든 원단으로 보온성이 뛰어나고 부드러우며 구김이 적습니다. 주로 가을, 겨울용 코트, 가디건, 담요 등을 만들 때 사용됩니다. 또 고급스럽고 멋스러운 원단이어서 파우치, 가방을 만들 때도 좋습니다. 꼭 드라이 크리닝을 해주세요.

BASIC.02

재봉틀 사용법

1. 재봉틀의 부분 명칭과 기능

① **바늘 위치 조절 버튼** 바늘을 올리거나 내릴 때 사용합니다.

② **자동 실 자르기** 재봉이 끝난 후 자동으로 실을 자를 수 있습니다(사절 기능이 없는 경우에는 재봉이 끝난 지점에서 바늘과 노루발을 들어올려 원단을 당긴 후 실을 자릅니다).

③ **후진, 마무리 재봉 버튼** 후진 재봉, 마무리 재봉을 할 때 사용하는 버튼입니다. 버튼을 누르면 후진 재봉을 할 수 있습니다.

④ **시작, 멈춤 버튼** 녹색등이 켜져 있을 때 재봉이 가능하며, 에러가 났거나 준비 단계일 때는 적색등이 들어옵니다.

⑤ **재봉 속도 조절기** 오른쪽으로 갈수록 재봉 속도가 빨라집니다.

⑥ **작동 패널** 스티치 선택, 땀 길이 및 넓이 조절 등 기본적인 조작 기능을 선택할 수 있습니다.

⑦ **핸드 풀리** 바늘을 수동으로 올리거나 내릴 때 사용합니다.

⑧ **노루발** 재봉할 때 원단을 위에서 눌러 주어 원단이 뒤로 밀려나가도록 합니다. 원하는 스티칭에 적합한 노루발을 노루발 홀더에 장착합니다.

⑨ **북집 커버** 실토리를 넣어줄 때 열어줍니다.

⑩ **노루발 레버** 노루발을 올리거나 내릴 때 사용합니다.

⑪ **윗실 장력 조절** 윗실의 장력을 조절할 때 사용합니다.

⑫ **실패꽂이** 실패를 꽂는 곳입니다.

⑬ **밑실 감기 장치** 실토리에 밑실을 감을 때 쓰는 장치입니다.

2. 재봉틀의 사용 방법

실토리에 밑실 감기

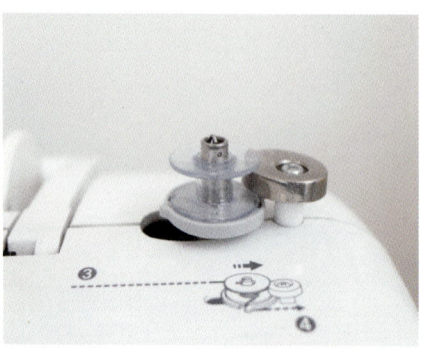

01 실토리를 밑실 감기 축에 끼우고 밑실 감기축을 오른쪽으로 밀어줍니다.

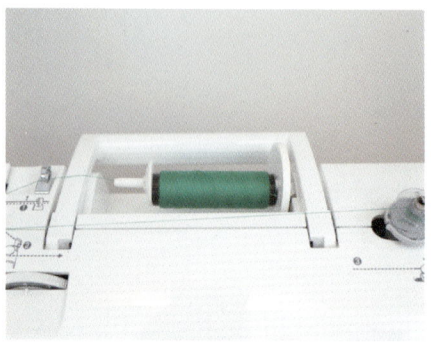

02 실패꽂이에 실패를 꽂고 표시된 곳을 따라 실을 끼워줍니다.

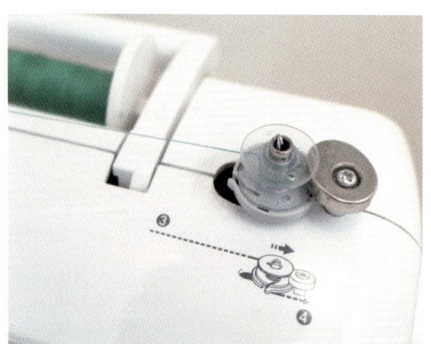

03 실토리에 실을 5~6번 정도 시계 방향으로 감아주고, 실을 밑실 감기 아래축의 커터 사이로 통과합니다.

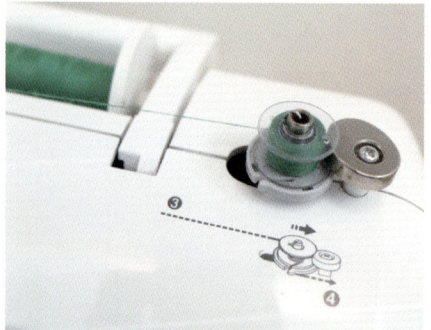

04 발판을 밟아 실을 감습니다.

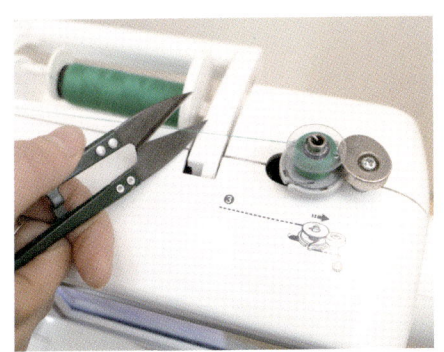
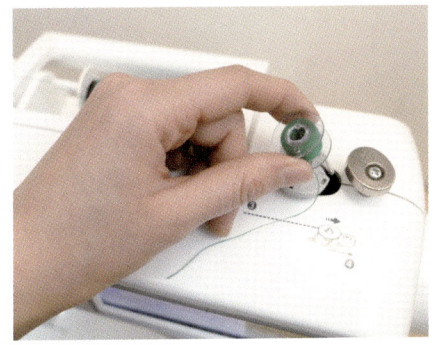

05 실을 자릅니다.

06 밑실 감기 축을 왼쪽으로 밀어 실토리를 빼냅니다.

윗실 끼우기

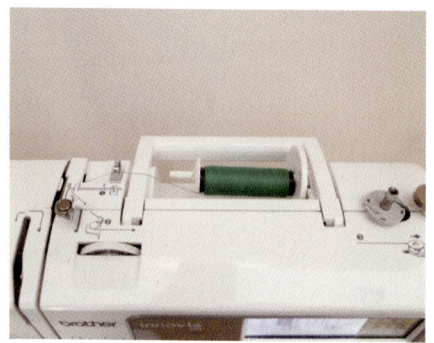

01 노루발과 바늘을 올리고 실패 꽂이에
    실패를 꽂습니다.

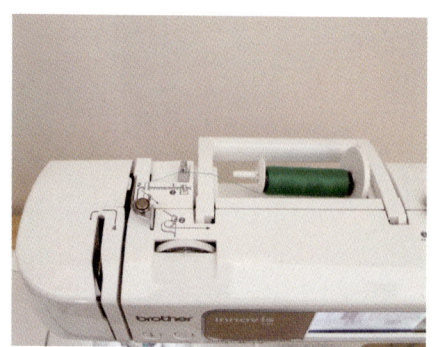 

02 표시된 곳을 따라 실을 끼워줍니다(1번부터 6번까지).

 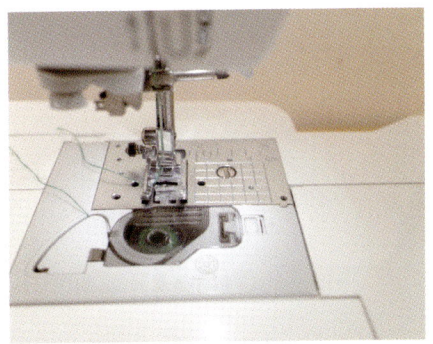

03 바늘구멍에 실을 통과할 때는 앞에서 뒤쪽으로 끼워줍니다.

04 노루발 사이로 실을 통과시켜 뒤로 보내고 노루발을 내립니다.

밑실을 북집에 넣기

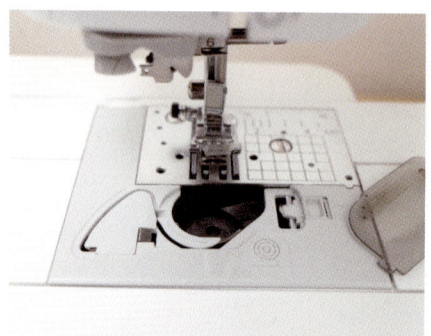

01 노루발과 바늘을 최대한 위로 올리고 북집 커버를 열어줍니다.

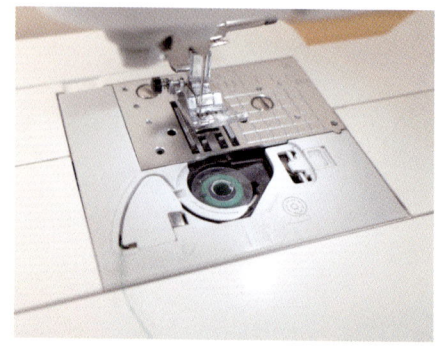

02 실 끝이 왼쪽 방향으로 오도록 한 후, 실토리를 넣어줍니다.

03 커버를 닫습니다.

3. 기본적인 재봉 방법

직선 박기

01 노루발과 바늘을 높이 올리고 재봉을 시작할 지점에 원단을 두고 노루발과 바늘을 내립니다.

02 발판을 밟아 박음질을 시작합니다.

Tip. 바늘의 위치를 중앙에 두었을 때 표시한 부분이 1cm이기 때문에 원단이 튀어 나오지 않도록 잘 맞춰 박으면 시접을 1cm로 유지한 체 균일하게 박을 수 있습니다.

방향 바꾸기

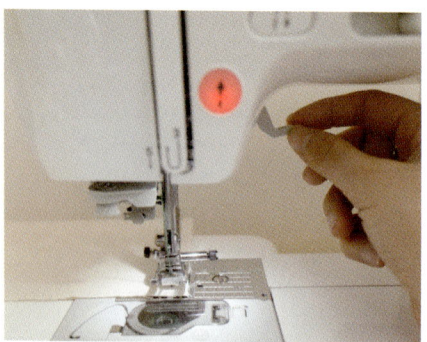

01 방향을 바꿀 지점에서 재봉을 멈추고 노루발을 들어줍니다.

02 바늘을 축으로 하여 원하는 방향으로 원단을 돌립니다.

03 노루발을 내리고 발판을 밟아 재봉을 다시 시작합니다.

되돌아 박기

01　항상 시작할 때와 끝날 때 되돌아박기를 해줘야 실이 풀리지 않습니다.

02　재봉의 끝 지점에서 후진 재봉 버튼을 눌러 3~5 땀 정도 되돌아간 후 다시 재봉의 끝 지점까지 박음질합니다.

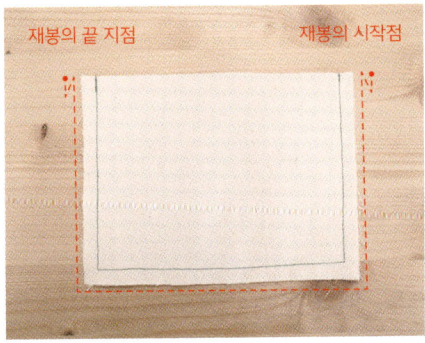

BASIC.03

지그재그 스티치와
퀼팅 풋 노루발을 활용한
아플리케

아플리케는 바탕이 되는 원단 위에 원하는 모양으로 자른 천을 덧대어 바느질하는 수예입니다. 손바느질로 감침질이나 공그르기 하는 기법들은 많이 알려져 있지만, 재봉틀에 내장되어 있는 지그재그 스티치와 퀼팅 풋 노루발을 활용한 아플리케는 잘 알려져 있지 않아서 생소하고 어렵게 느껴질 수도 있습니다. 그러나 꾸준히 연습하다 보면 자연스럽게 손에 익게 되므로 너무 걱정하지 마시고 간단한 도안부터 차근차근 완성해나가 보세요.

1. 지그재그 스티치

가정용 재봉틀 안에는 다양한 모양의 스티치가 내장되어 있는데 지그재그 스티치는 그 중 하나입니다. 땀 폭과 길이를 조절할 수 있으며, 땀 폭이 클수록 좌우 간격이 넓어지고 작을수록 좁아집니다. 마찬가지로 땀 길이가 클수록 간격이 넓어지고 작을수록 좁아집니다. 지그재그 스티치를 활용해 원단을 아플리케 할 수 있는 데 보통 땀의 폭은 3.5~4mm로, 길이는 1.2mm로 설정하고 작업합니다.

폭 2mm, 길이 0.5mm 2겹

폭 3.5mm, 길이 1.2mm

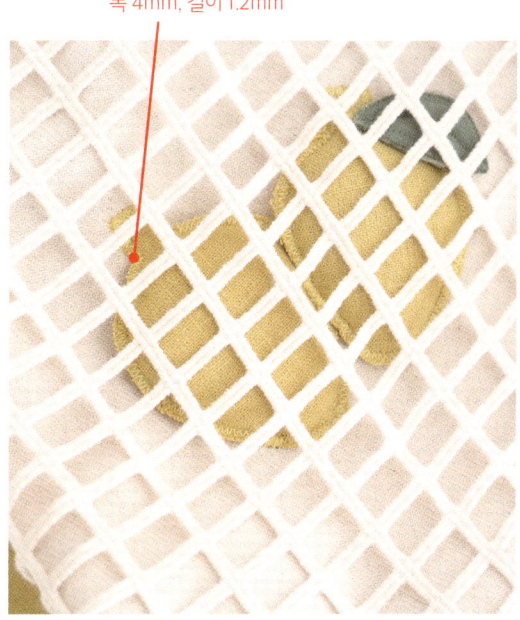

폭 4mm, 길이 1.2mm

폭 1.5mm, 길이 0.5mm 2겹

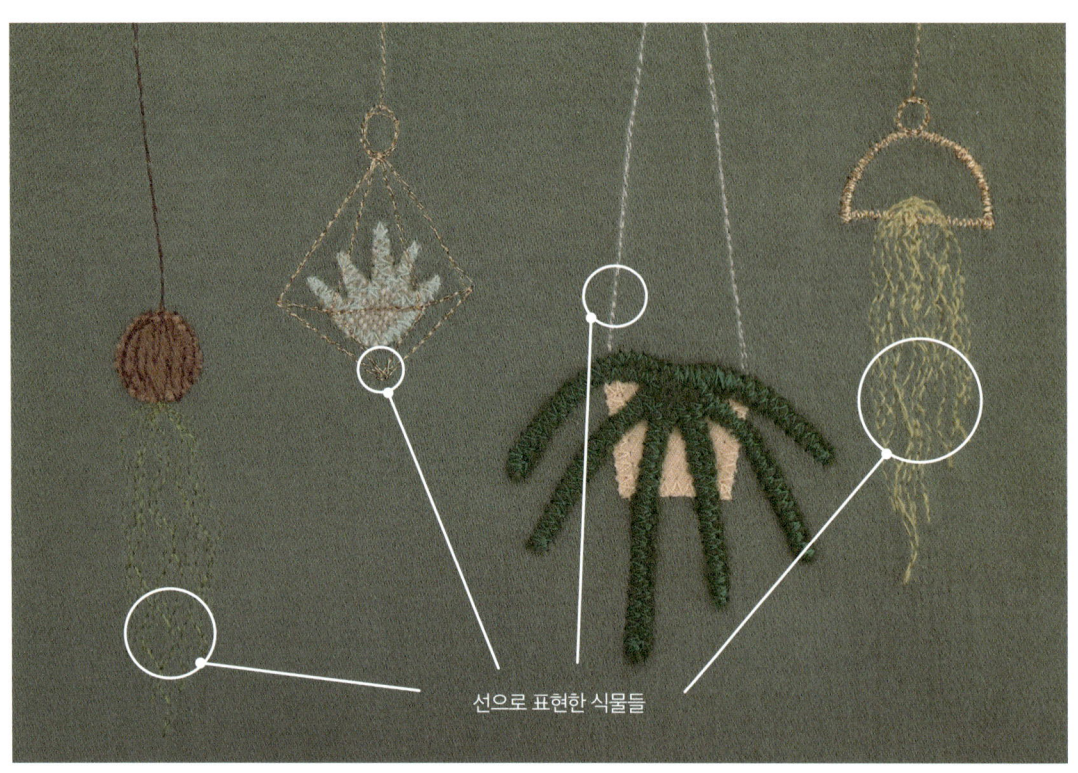

선으로 표현한 식물들

선으로 표현한 컵 테두리

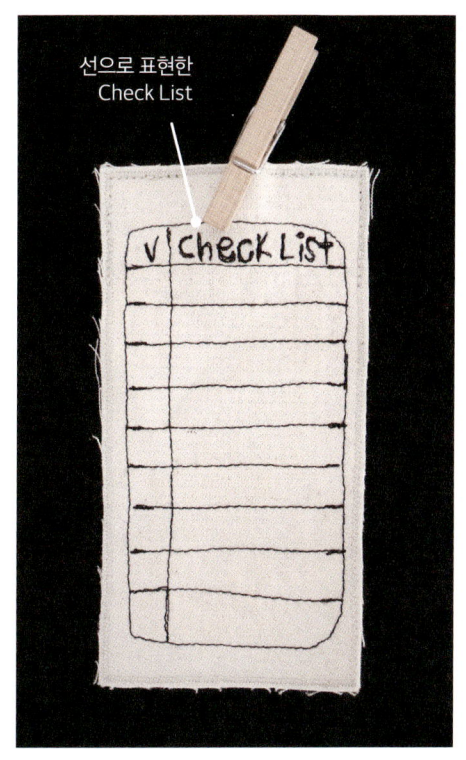

선으로 표현한 Check List

2. 퀼팅 풋 노루발로 선 표현하기

퀼팅 풋 노루발은 프리모션 노루발, 프리 퀼팅 노루발 등 여러 명칭으로 불립니다. 노루발 위쪽이 스프링으로 구성돼 있어 위에서 아래로 내려올 때 원단 위로 노루발이 살짝만 닿기 때문에 원단을 자유자재로 원하는 방향으로 이동하면서 재봉할 수 있습니다. 이러한 특성을 활용해 그림을 그리듯 선을 표현할 수 있습니다. 작업 방법은 먼저 재봉틀 바늘의 위치가 왼쪽으로 가게 한 후, 양손으로 원단을 잡고 원하는 방향으로 조금씩 움직여가면서 박아주면 됩니다. 굵은 선을 표현하고 싶다면 같은 자리를 여러 번 왔다 갔다 반복해서 박아줍니다.

3. 아플리케 과정 한번에 보기

쉽게 알아볼 수 있도록 흰색 원단에 빨간색 실로 아플리케 했습니다. 실제로 작업을 할 때는 예쁜 원단과 실을 사용해서 아플리케 하세요.

01 도안 위에 트레이싱 페이퍼를 올립니다.

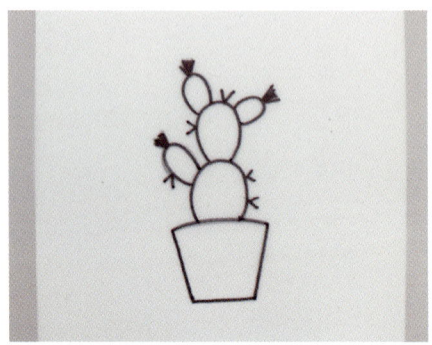

02 도안을 따라 그립니다.

03 트레이싱 페이퍼가 얇기 때문에 밑에 도화지를 붙인 후 부위별로 잘라줍니다 (도안을 복사하는 경우 01~03 과정을 생략하고 바로 부위별로 잘라줍니다).

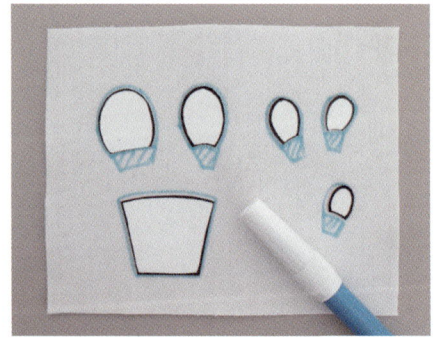

04 원단 위에 도안을 올리고 패브릭용 수성펜으로 선을 따라 그려줍니다. 이때 원단끼리 겹쳐지는 부분 중 아래에 놓이는 원단에는 시접을 꼭 넣어줍니다.

05 도안을 그린 원단을 잘라줍니다.

06 바탕 원단 위에 아플리케 할 원단 조각들을 이어 붙입니다(풀이나 시침핀으로 고정합니다).

07 선으로 표현할 부분은 도안을 보면서 패브릭용 수성펜으로 따라 그려줍니다.

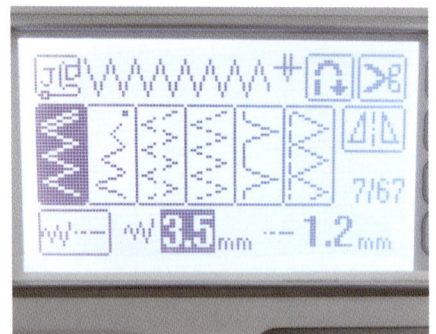
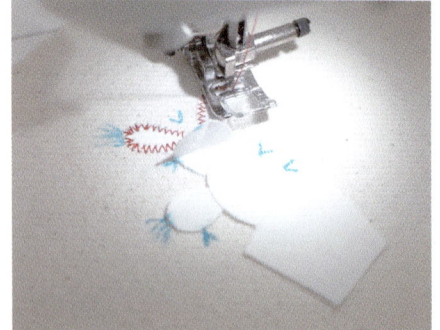

08 아래에 놓인 원단부터 지그재그 스티치로 박아줍니다(폭 3.5mm, 길이 1.2mm).

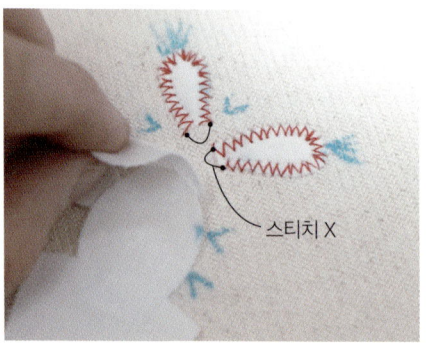
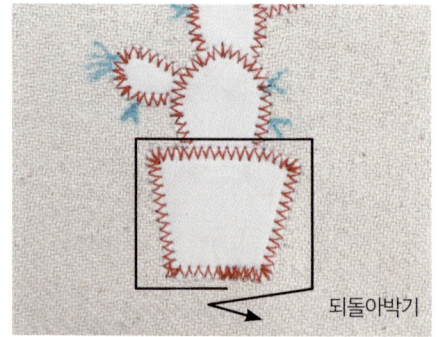

09 아래에 놓인 원단 중 겹쳐지는 부분은 스티치를 하지 않습니다.

10 제일 위에 놓인 화분 원단은 되돌아박기를 해줘야 실이 풀리지 않습니다.

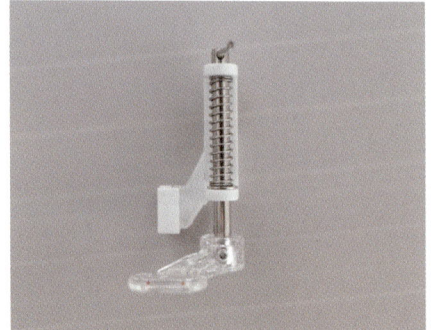
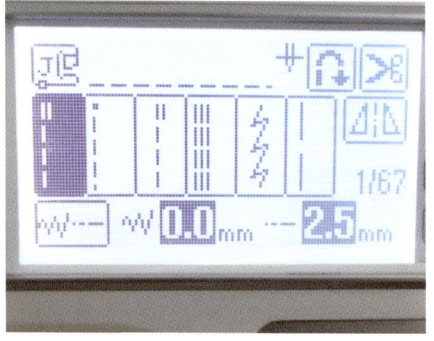

11 퀼팅 풋 노루발로 교체한 후 바늘이 왼쪽으로 가도록 설정합니다.

12 선으로 표현할 부분들은 손으로 원단을 조금씩 움직여가면서 박아줍니다.

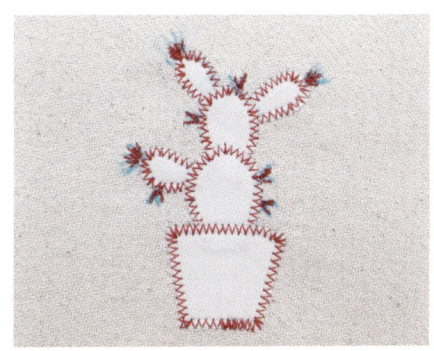

13 수성펜 자국을 물로 지우고 쪽가위로 실밥을 정리합니다.

14 완성

Q & A

Q. 가방을 만들려고 하는데 사이즈가 길어서 패턴을 그리고 재단하기가 힘들어요. 좀 더 쉬운 방법이 없을까요?

A. 큰 가방이나 끈을 재단할 때는 원단을 반으로 접어서 패턴을 그리고 재단하면 더 효율적이에요. 예를 들어 겉감의 재단 사이즈가 가로 40cm에 세로 80cm라면 원단을 식서 방향으로 접은 후 가로 40cm, 세로 40cm를 그려서 재단하면 돼요.

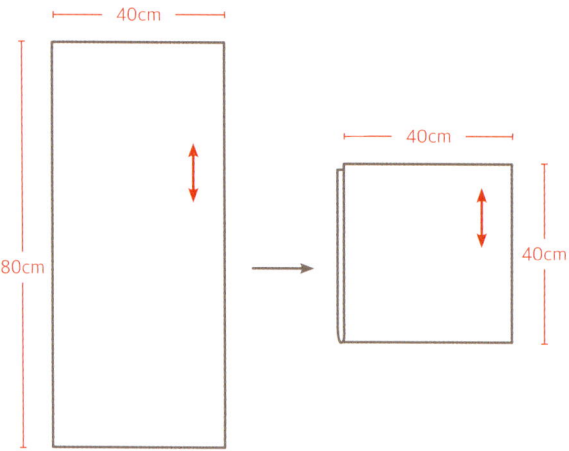

식서 방향

원단이 잘 늘어나지 않는 방향이 식서 방향이에요. 가방을 만들 때 물건을 넣어도 늘어나지 않게 식서 방향에 맞춰 재단해야 돼요.

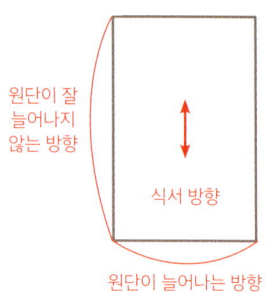

골선

골선은 중심선이라고 생각하면 이해하기 쉬워요. 골선으로 재단한다는 것은 골선을 기준으로 좌우가 대칭되도록 원단을 재단한다는 뜻이에요.

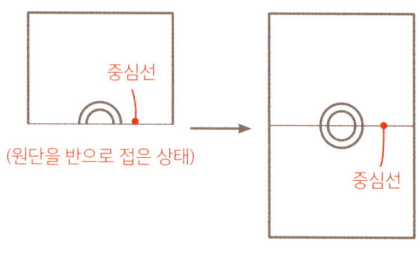

Q. 원단과 부자재는 주로 어디서 구입하나요?

A. 저는 주로 동대문 종합시장을 이용해요. A~D동, 신관으로 나눠져 있고 주로 1, 5층에서 부자재를, 2, 3, 4, 6층에서 원단을 구입해요. 특히 5층에는 다양한 수입 퀼트 원단을 조각으로 판매하는 곳이 많아서 아플리케 원단을 구입할 때 자주 애용합니다. 도매상은 소량으로 구매하기 어렵고 대부분의 가게가 현금으로만 거래하니 참고하세요. 온라인 쇼핑몰에서도 재료들을 구입할 수 있어요. 대표적인 사이트로 인패브릭, 천가게, 소잉팩토리마켓, 데일리라이크 등이 있어요.

Q. 원단을 얼마나 사야 하는지 감이 안 잡혀요.

A. **1마 = 1yard = 약 90cm**

원단은 보통 1마(야드) 단위로 판매해요. 1마는 약 90cm고, 폭은 원단마다 조금씩 다른데 주로 44, 54, 60인치가 있어요. 책에 수록된 가방들은 1마로도 충분히 만들 수 있고, 남은 원단으로 파우치도 몇 개 만들 수 있어요.

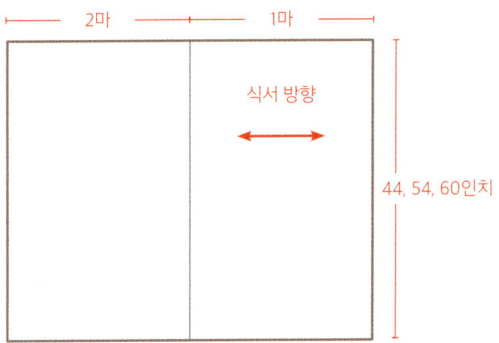

Q. 시접이 포함된 사이즈인가요?

A. 네, 시접은 따로 설명한 것을 제외하고 전부 1cm가 포함된 사이즈예요(지퍼 부분은 0.5cm).

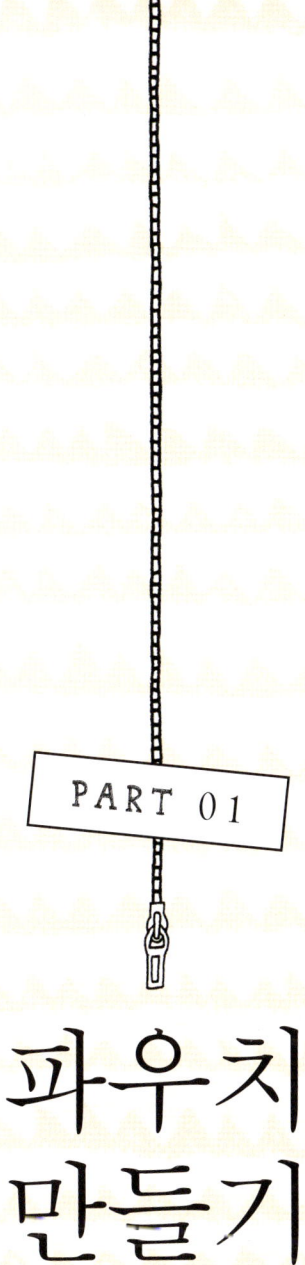

PART 01

파우치
만들기

기본 지퍼 파우치 만드는 방법

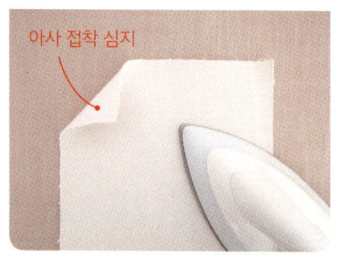

01 원단 뒷면에 아사 접착 심지를 붙여 힘을 더해줍니다(선택 사항).

02 지퍼를 끝까지 열고 겉감의 겉과 지퍼의 겉을 맞댑니다.

03 재봉틀 바늘이 왼쪽으로 가도록 한 후 박아줍니다.

04 그 위에 안감의 겉을 맞댑니다.

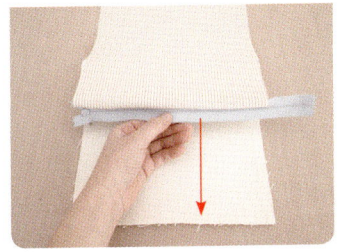

05 지퍼를 박아줍니다.

06 지퍼를 닫은 후 안감을 넘겨 줍니다.

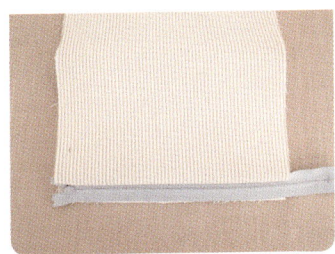

07 반대편 겉감에 지퍼의 겉을 맞대고 박아줍니다.

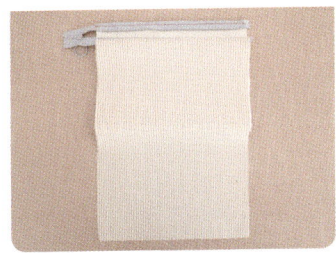
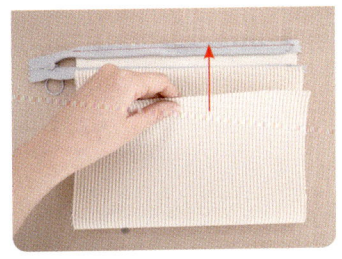

08 박다가 지퍼 고리에 걸려서 박기 어려울 경우, 노루발을 들어 지퍼를 끝까지 열어준 다음 박아줍니다.

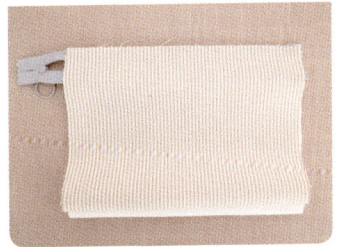

09 마찬가지로 겉감의 겉과 안감의 겉을 맞댑니다.

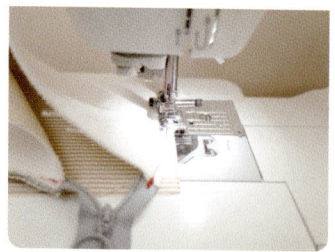

10 지퍼를 박아줍니다.

창구멍

11 지퍼를 가운데 두고 겉감은 겉감끼리, 안감은 안감끼리 맞닿게 한 후, 창구멍을 남기고 옆선을 박아줍니다(시접 1cm).

12 튀어나온 지퍼를 자릅니다.

13 창구멍을 통해 뒤집어줍니다.

14 창구멍을 막아줍니다.

15 모양을 잘 잡고 다림질합니다.

16 완성

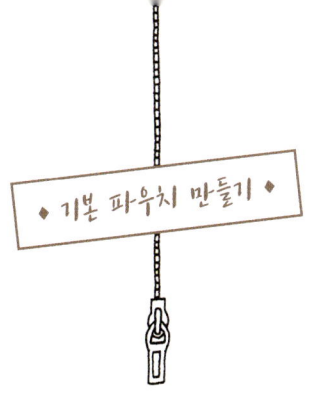

바닥 폭이 있는 지퍼 파우치 만드는 방법

기본 지퍼 파우치 만드는 방법의 11번 과정에 다음의 과정을 추가하면
바닥 폭이 있는 지퍼 파우치가 완성됩니다.

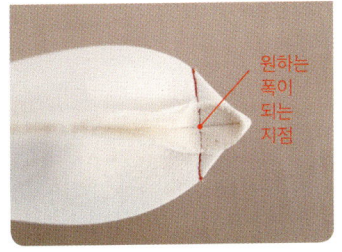

01 옆선의 시접을 가른 후, 모서리 부분을 삼각 형태로 만든 다음 원하는 폭이 되는 지점을 표시하고 박아줍니다.

02 모서리의 시접 부분을 잘라줍니다.

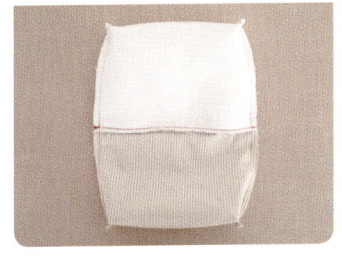

03 네 모서리 모두 같은 방식으로 박고 시접을 잘라줍니다.

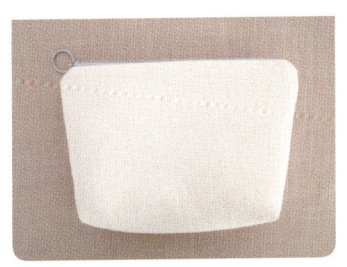

04 완성

APPLIQUÉ
POUCH

기본
파우치를
이용한
파우치

Appliqué · Pouch

케첩 & 머스터드 파우치

재미있고 키치한 분위기가 담겨 있는
케첩 & 머스터드 파우치입니다.

재료

겉감 29×22cm 1장, 안감 1장, 아플리케 원단, 지퍼

재단하기

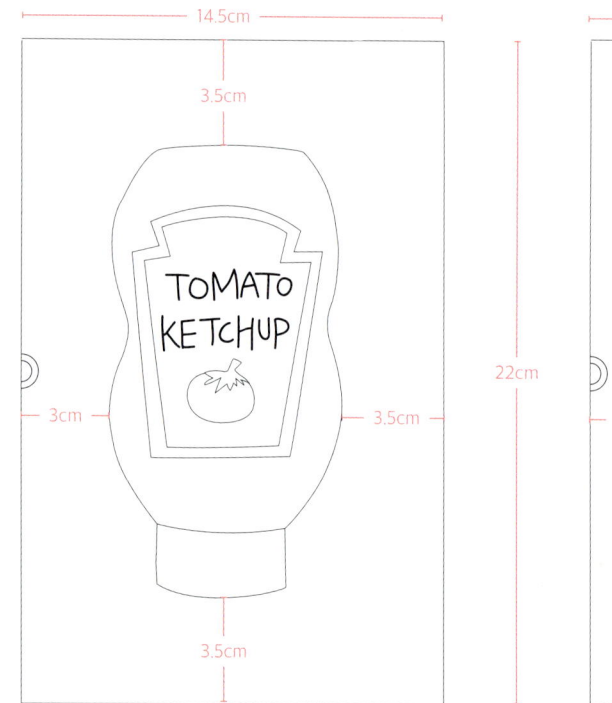

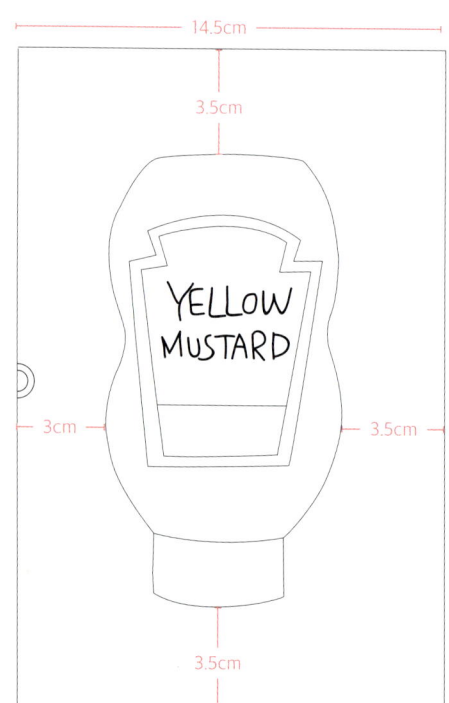

Appliqué · Pouch

도안

케첩

머스터드

How to Make

기본 지퍼 파우치 만들기 방법을 이용하여 만듭니다 (p.42).

Appliqué · Tip

- TOMATO KETCHUP 글씨와 토마토 잎, YELLOW MUSTARD 글씨는 같은 자리를 여러 번 왔다 갔다 반복하면서 박아줍니다.
- 초록색 테두리는 2겹을 박아줍니다.

Appliqué · Pouch

선탠하는 소녀 파우치

귀여운 뒤태가 매력적인 선탠하는 소녀 파우치입니다.
쪼리 모양 단추를 달아 포인트를 주었습니다.

재료
겉감 29×22cm 1장, 안감 1장, 아플리케 원단, dress it up 쪼리 모양 단추, 지퍼

재단하기

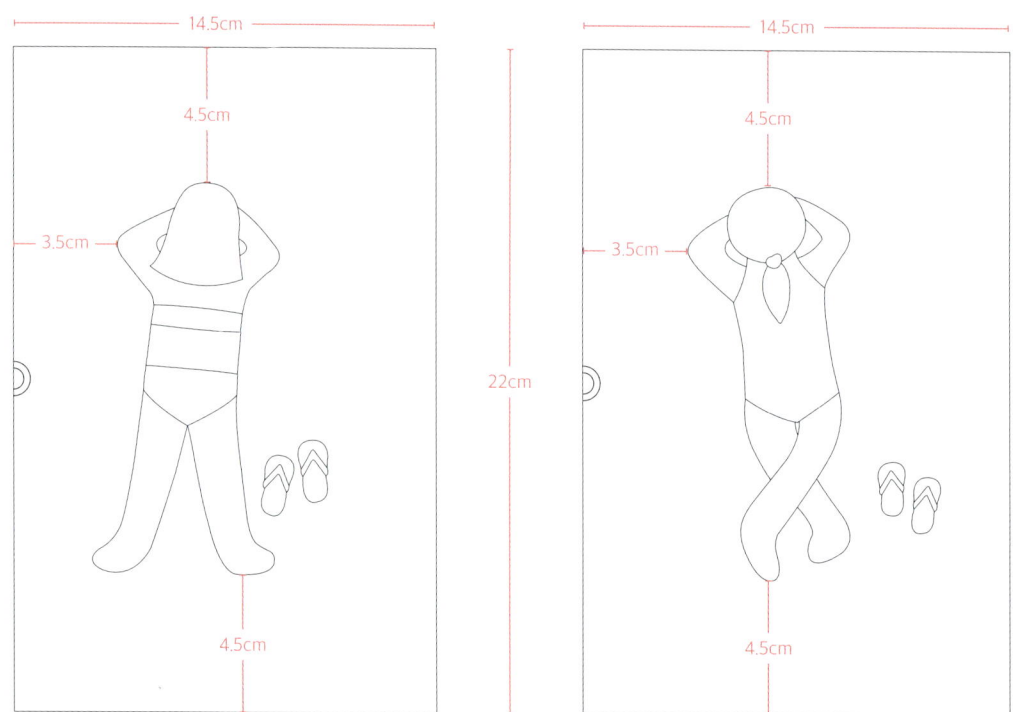

도안

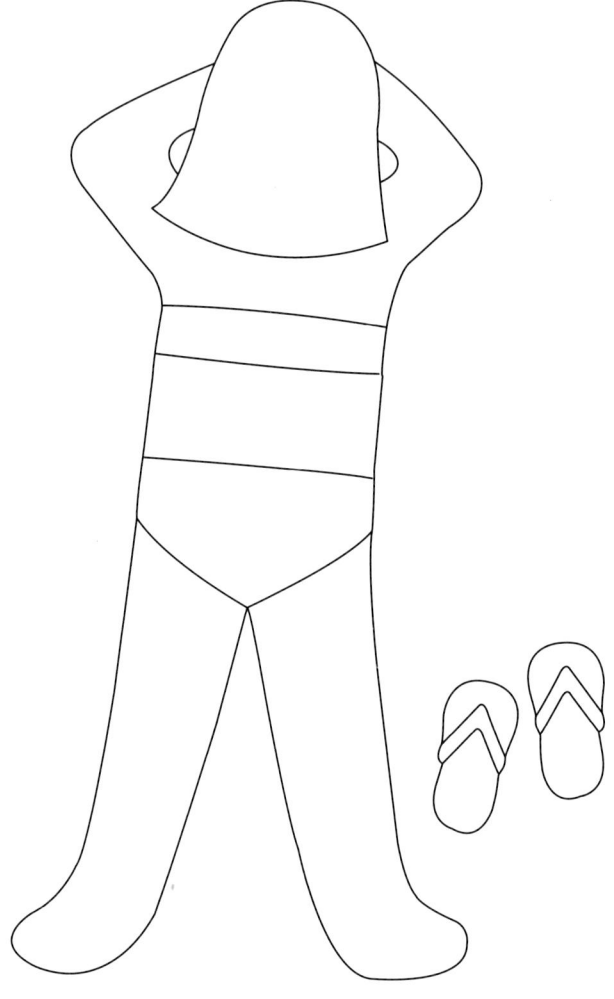

How to Make

기본 지퍼 파우치 만들기 방법을 이용하여 만듭니다(p.42).

Appliqué · Tip

• 쪼리 모양의 단추는 손바느질로 달아줍니다.

Appliqué · Pouch

선인장 목걸이 카드지갑

선인장을 아플리케 한 귀여운 목걸이 카드지갑입니다.
스토퍼로 끈 길이를 조절할 수 있습니다.

재료

겉감 10.5×23cm 1장, 안감 1장, 끈 105cm,
스토퍼, 지퍼

Appliqué · Pouch

재단하기

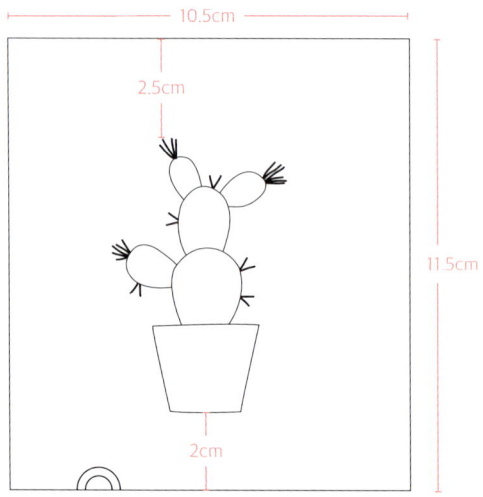

도안

How to Make

기본 지퍼 파우치 만들기 방법을 이용하여 만듭니다(p.42).

01 끈에 스토퍼를 끼워줍니다.

02 겉감 뒷면 중앙에 끈을 고정합니다.

Appliqué · Tip

- 선인장 꽃은 손으로 원단을 왔다 갔다 움직여 가면서 여러 번 박아줍니다.
- 가시는 2겹을 박아줍니다.

Appliqué · Pouch

문 파우치

알록달록 예쁜 문과 창문이 달린 집을
파우치에 담아보고 싶었어요.
머스터드와 네이비 컬러의 조화가 멋스럽습니다.

재료

겉감 22×16cm 2장, 안감 22×30cm 1장, 아플리케 원단, 지퍼

Appliqué · Pouch

재단하기

도안

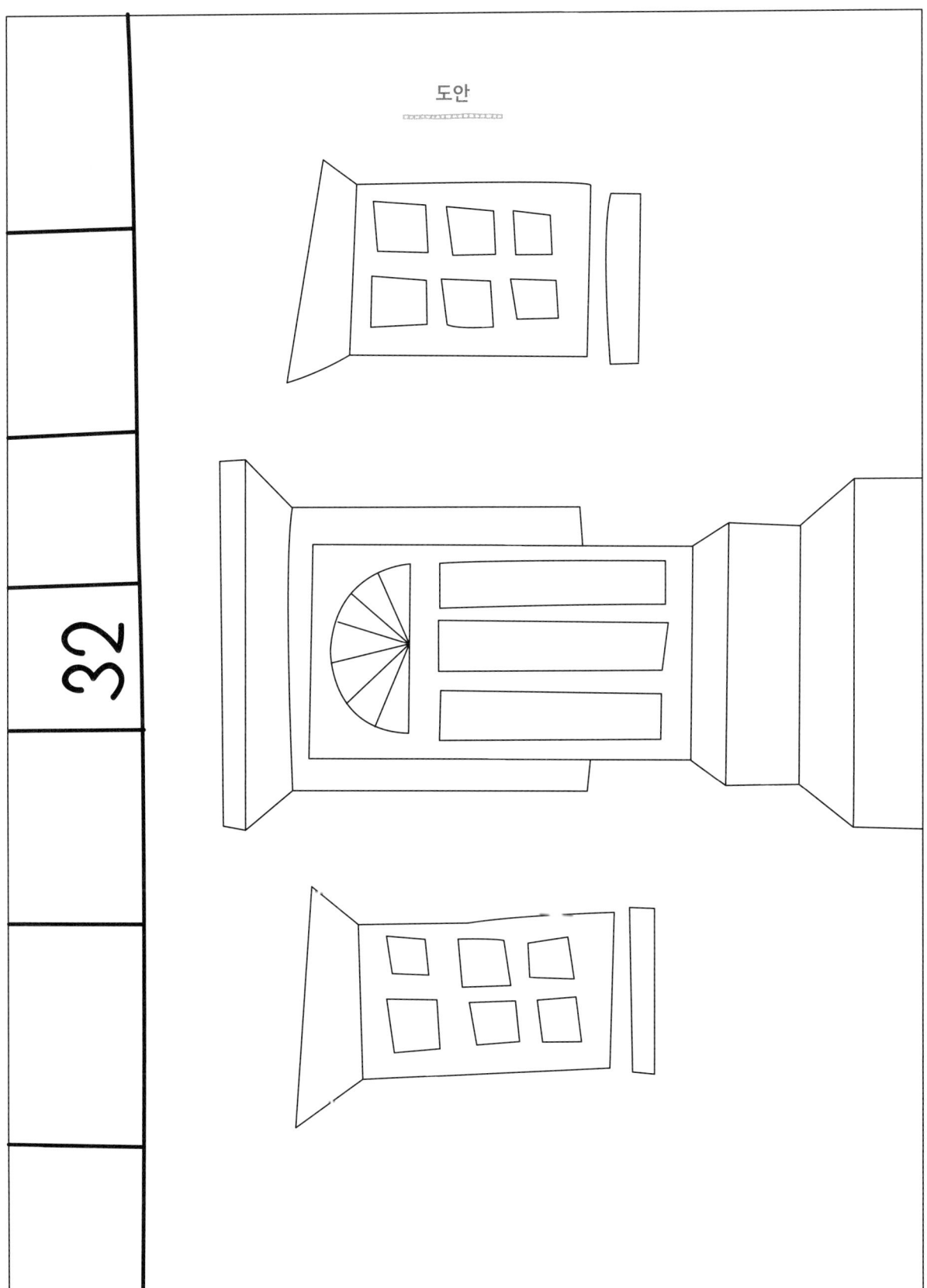

How to Make

기본 지퍼 파우치 만들기 방법을 이용하여 만듭니다(p.42).

01 겉감의 겉과 겉을 맞대고 박아줍니다.

Appliqué · Tip

- 노란 선은 지그재그 스티치를 폭 1.5mm, 길이 0.5mm로 설정하고 2겹을 박아줍니다.
- 숫자 32, 남색 선, 회색 선은 2겹을 박아줍니다. 도안과 똑같이 박으려고 하지 않아도 좋으니 드로잉 느낌을 잘 살려서 표현합니다.

Appliqué · Pouch

무드 파우치

좋아하는 것들, 비슷한 분위기의 것들을
적절한 위치에 밀도 있게 배치해보았습니다.
특유의 분위기가 느껴지는 매력적인 파우치입니다.

재료

겉감 22×31cm 1장, 안감 1장, 아플리케 원단, 나무 링, 지퍼

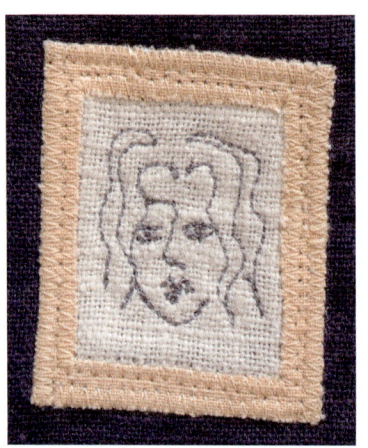

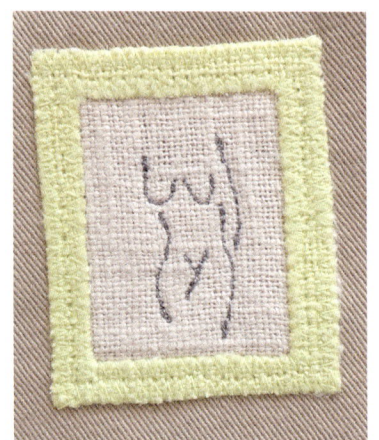

재단하기

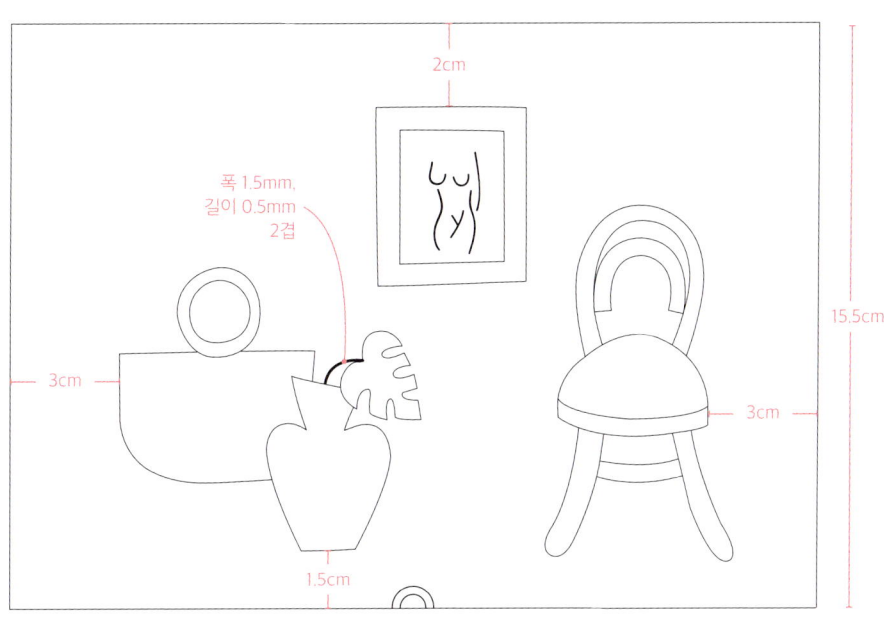

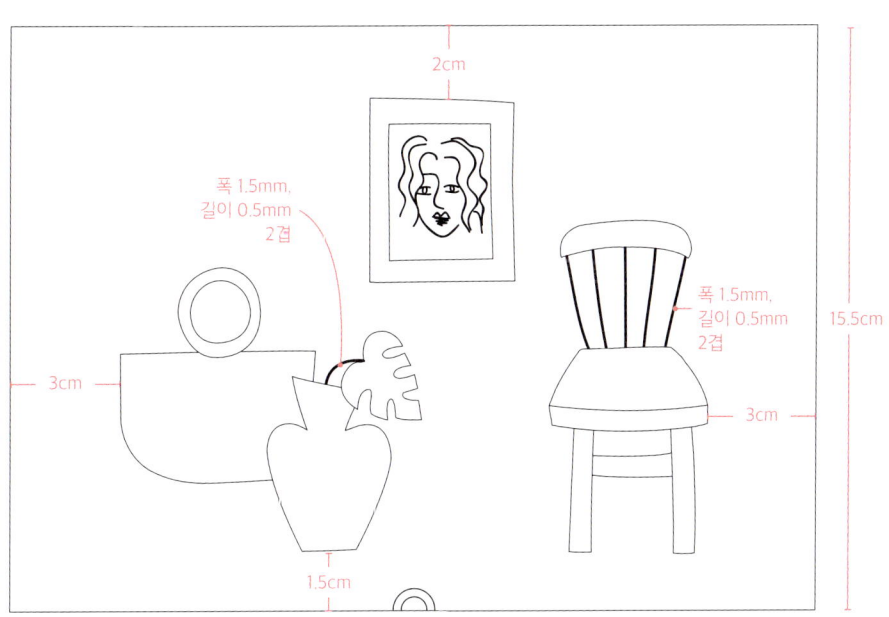

도안

How to Make

기본 지퍼 파우치 만들기 방법을 이용하여 만듭니다(p. 42).

Appliqué · Tip

- 나무 링은 손바느질해서 고정합니다.
- 몬스테라 잎의 줄기와 2번 의자 등 부분의 나무살은 시그재그 스티치를 폭 1.5 mm, 길이 0.5mm로 설정하고 2겹을 박아줍니다.
- 액자 안의 그림은 실로 그림을 그린다는 느낌으로 자연스럽게 손으로 원단을 움직여가면서 박아줍니다. 도안과 똑같이 박으려고 하지 않아도 괜찮습니다.

Appliqué · Pouch

샴페인 필통

알록달록 독특한 컬러 배색이 매력적인
샴페인 컬렉션입니다.
필통으로 사용하기 좋은 사이즈입니다.

재료

겉감 19×22cm 1장, 안감 1장, 아플리케 원단, 면 테이프, 지퍼

재단하기

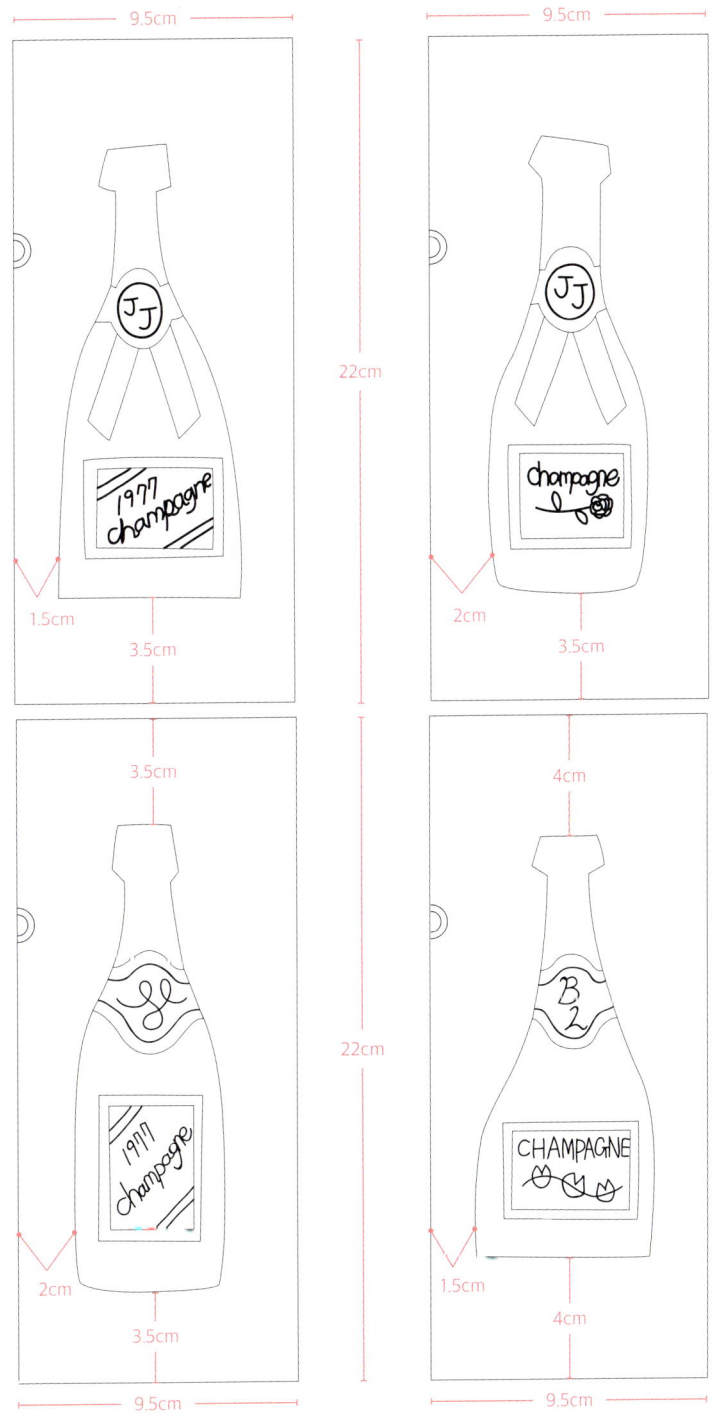

도안

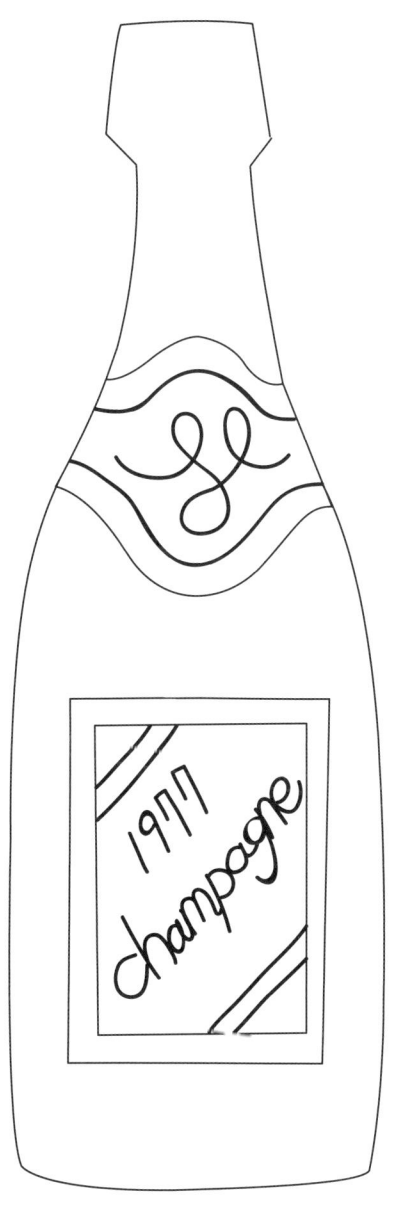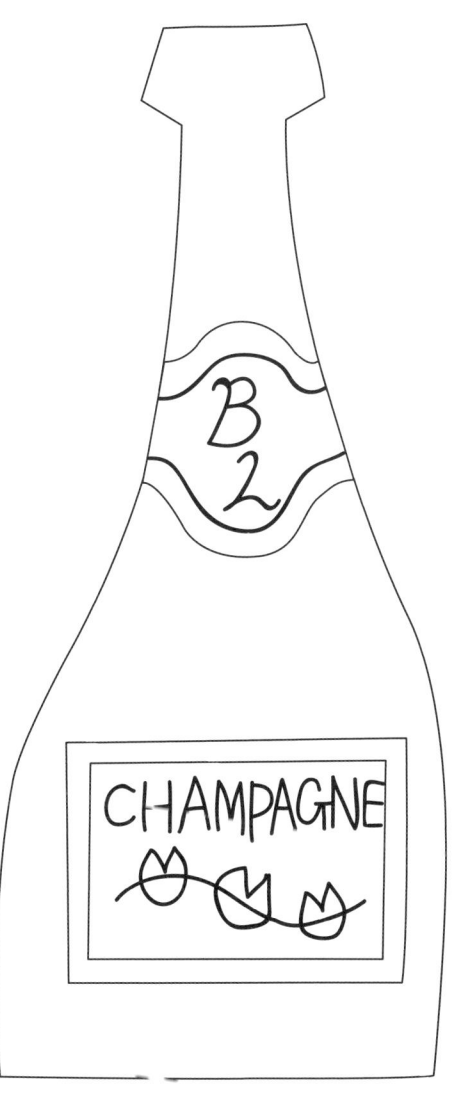

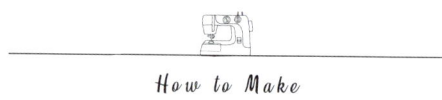

How to Make

기본 지퍼 파우치 만들기 방법을 이용하여 만듭니다(p.42).

Appliqué · Tip

• 위의 두 샴페인은 면 테이프를 적당한 사이즈로 잘라 배치한 후 테두리를 따라 박아줍니다.

• 퀼팅 풋 노루발로 선을 표현하는 부분은 모두 2겹으로 박아줍니다.

Appliqué · Pouch

도토리와 다람쥐 파우치

수틀에 손자수하는 느낌을 살려
도토리와 다람쥐를 아플리케 해보았습니다.
차분하고 담백한 색감이 가을 분위기를 더욱 잘 표현해줍니다.
생리대나 작은 소지품을 넣고 다니기에 좋은 사이즈입니다.

재료

겉감 16.5×30cm 1장, 안감 1장, 아플리케 원단, 지퍼

Appliqué · Pouch

재단하기

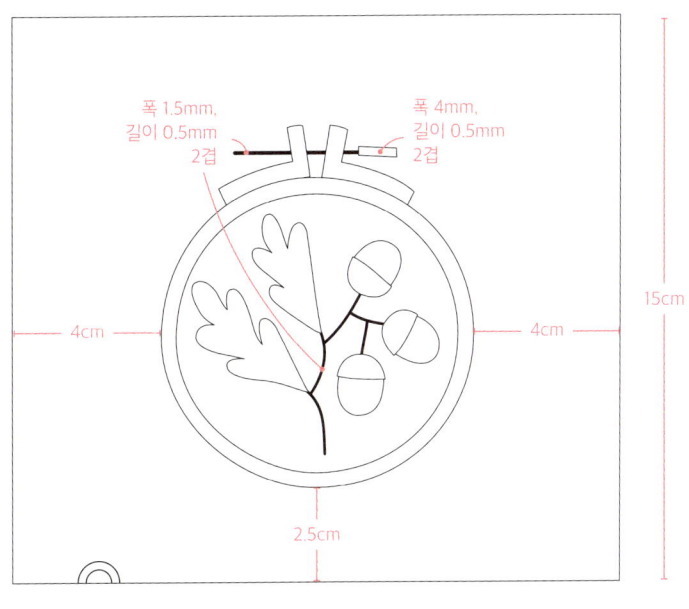

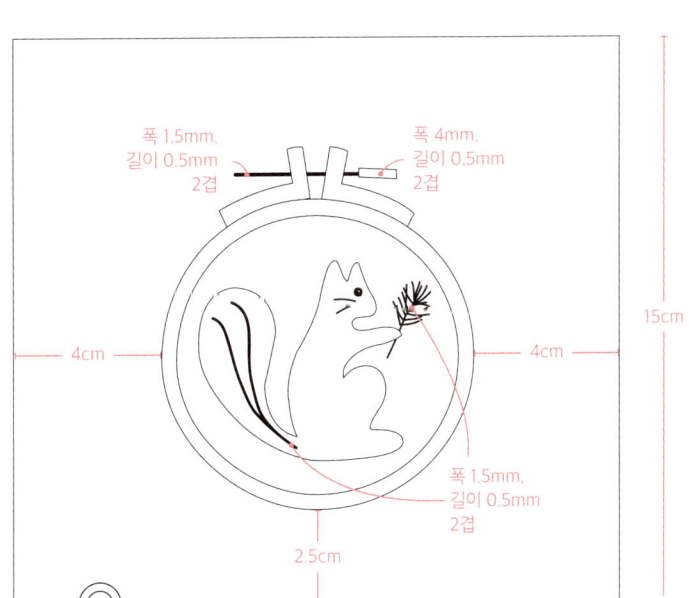

도안

How to Make

기본 지퍼 파우치 만들기 방법을 이용하여 만듭니다(p.42).

Appliqué · Tip

- 수틀을 고정하는 나사의 얇은 선은 지그재그 스티치를 1.5mm, 길이 0.5mm로 설정하고, 두꺼운 선은 폭 4mm, 길이 0.5mm로 설정하여 2겹을 박아줍니다.
- 도토리이 가지, 다람쥐 꼬리의 선과 나뭇가지는 지그재그 스티치를 폭 1.5mm, 길이 0.5mm로 설정하고 2겹을 박아줍니다.

APPLIQUÉ
POUCH

바닥 폭이 있는
지퍼 파우치를 응용한
파우치

Appliqué · Pouch

브런치 파우치

샐러드, 구운 버섯, 달걀 프라이를 아기자기하고
귀엽게 표현한 브런치 파우치입니다.

재료
겉감 21×29cm 1장, 안감 1장, 주머니 14× 22cm 1장, 아플리케 원단, 폼폼, 지퍼

Appliqué · Pouch

재단하기

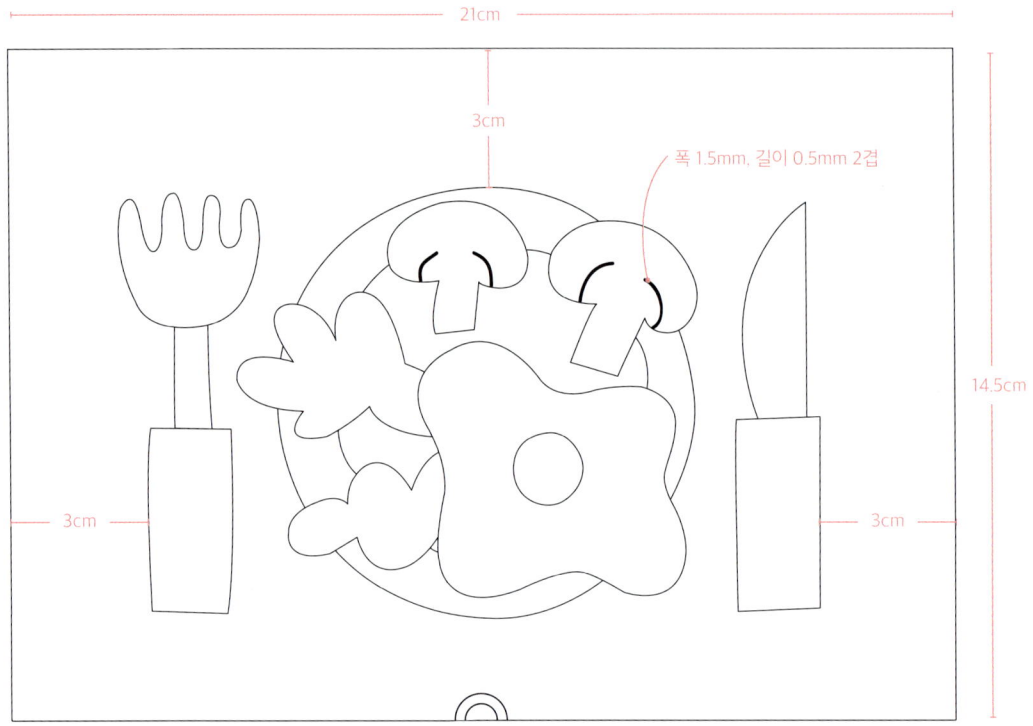

도안

How to Make

01 주머니 원단 네 변의 시접을 각 1cm씩 접은 후 다시 반으로 접어줍니다.

02 안감에 주머니를 올리고 박아줍니다.

03 바닥 폭이 있는 지퍼 파우치 만들기 방법을 이용하여 바닥 폭이 3cm인 파우치를 만듭니다(p.45).

Appliqué · Tip

- 버섯의 갈색선 부분은 지그재그 스티치의 폭을 1.5mm, 길이 0.5mm로 설정하고 2겹을 박아줍니다.
- 달걀 노른자 부분에 노란색 폼폼을 손바느질로 달아줍니다.

Appliqué · Pouch

드라이플라워 파우치

드라이플라워를 조화롭게 배치해 아플리케 해보았습니다.
가을의 분위기가 물씬 풍기는 매력적인 파우치입니다.

재료

겉감 24×11cm 1장, 24×24cm 1장, 안감 24×33cm 1장, 2온스 접착 솜심지 1장, 아플리케 원단, 지퍼 끝막음 원단 3.5×3.5cm 2장, 지퍼 21cm

재단하기

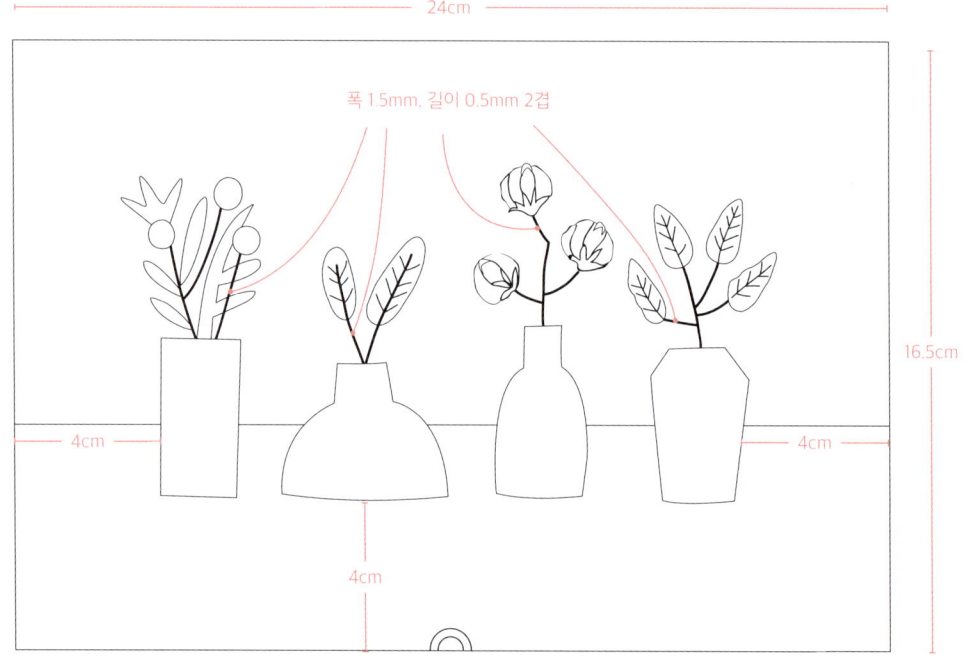

실물 도안 별지

How to Make

01 카키색, 카멜색 겉감을 연결합니다.

02 아플리케를 한 후, 뒷면에 접착 솜 심지를 붙여줍니다.

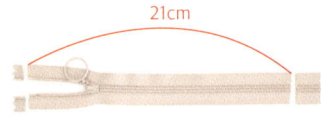

03 지퍼를 21cm로 자릅니다.

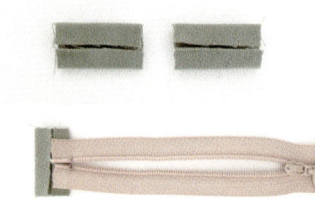

04 지퍼 끝막음 원단을 사진처럼 접은 후, 지퍼 양 끝부분에 대고 박아줍니다(튀어나온 원단은 잘라줍니다).

05 바닥 폭이 있는 지퍼 파우치 만들기 방법을 이용하여 바닥 폭이 5cm인 파우치를 만듭니다(p.45).

Appliqué · Tip

- 나뭇가지들은 전부 지그재그 스티치를 폭 1.5mm, 길이 0.5mm로 설정하고 2겹을 박아줍니다.
- 목화솜의 갈색 부분은 손으로 원단을 왔다 갔다 움직여가면서 여러 번 박아줍니다.

Appliqué · Pouch

눈나무 필통

겨울의 나무를 상상하며 만든 필통입니다.
펠트 느낌의 모직 원단으로 만들어
따뜻한 느낌을 더했습니다.

재료
겉감 24×19cm 1장, 안감 1장, 아플리케 원단, 지퍼

재단하기

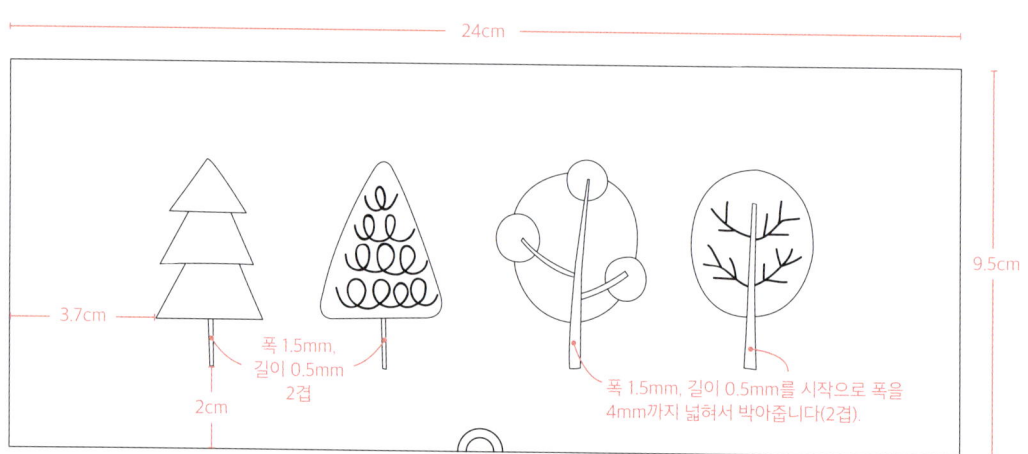

실물 도안 별지

Appliqué · Pouch

How to Make

바닥 폭이 있는 지퍼 파우치 만들기 방법을 이용하여 바닥 폭이 2.5cm인 파우치를 만듭니다(p.45).

Appliqué · Tip

- (왼쪽부터) 1, 2번째 나무 기둥은 지그재그 스티치를 폭 1.5mm, 길이 0.5mm로 설정하고 2겹을 박아줍니다.
- 3, 4번째 나무 기둥은 윗부분에서 폭 1.5mm, 길이 0.5mm 를 시작으로 폭을 4mm까지 넓혀서 박아줍니다(2겹).

APPLIQUÉ
POUCH

다양한
파우치

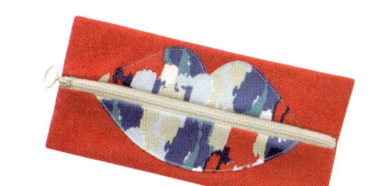

Appliqué · Pouch

입술 필통

입술 모양을 아플리케 해서 만든 재미있는 디자인의 필통입니다.
지퍼가 가운데에 있어 펜을 넣기가 편하고 실용적입니다.
입술과 같은 원단으로 안감을 넣어 완성도를 높였습니다.

재료

겉감 25×22cm 1장, 안감 1장, 입술 원단, 지퍼

Applique · Pouch

도안

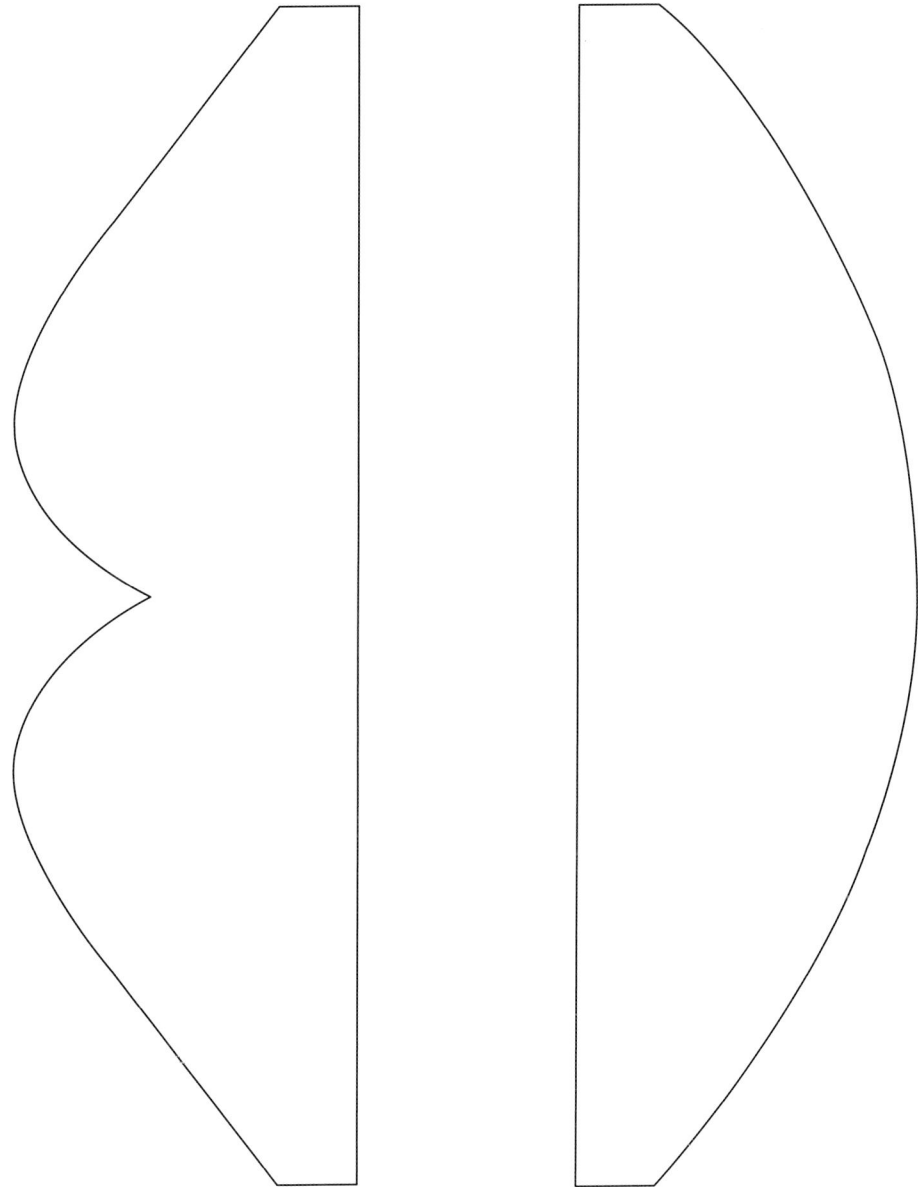

How to Make

01 입술 패턴을 원단 위에 대고 위, 아래 시접 1cm를 남기고 잘라줍니다.

02 입술 원단의 시접에 가윗밥을 넣어줍니다.

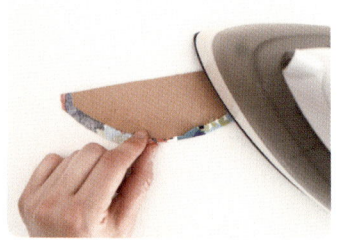

03 입술 원단 위에 패턴을 올린 후 가윗밥 준 시접을 안쪽으로 접으면서 다림질합니다.

04 겉감에 입술 원단의 위치를 잡아줍니다.

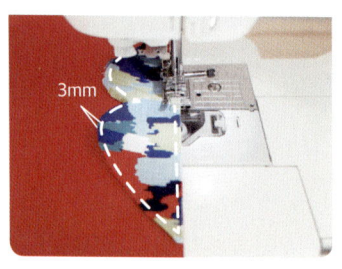

05 입술 선을 따라 위에서 상침합니다.

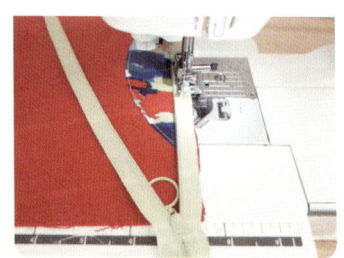

06 입술 아랫부분쪽 겉감의 겉과 지퍼의 겉을 맞대고 바늘이 왼쪽으로 가도록 한 후 박아줍니다.

07 그 위에 안감의 겉을 맞대고 박아줍니다.

How to Make

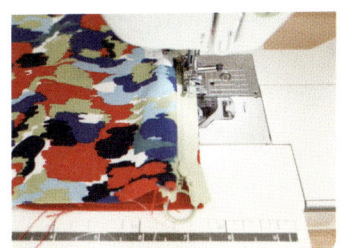

08 입술 윗부분쪽 겉감의 겉과 지퍼의 겉을 맞대고 박아줍니다(박다가 지퍼 고리에 걸려서 박기 어려울 경우에는 노루발을 들어 지퍼를 연 다음 박아줍니다).

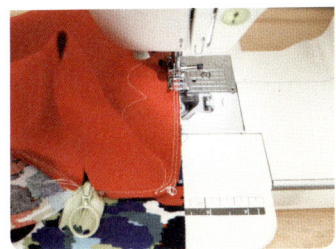
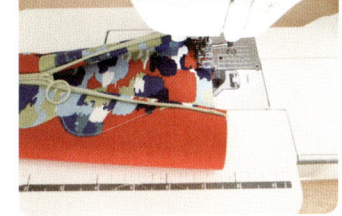
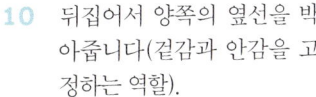

09 마찬가지로 안감의 겉을 맞대로 박아줍니다.

10 뒤집어서 양쪽의 옆선을 박아줍니다(겉감과 안감을 고정하는 역할).

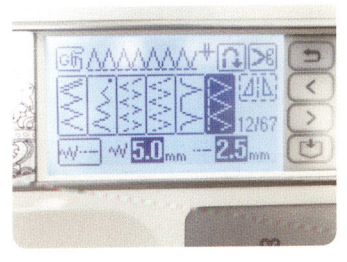
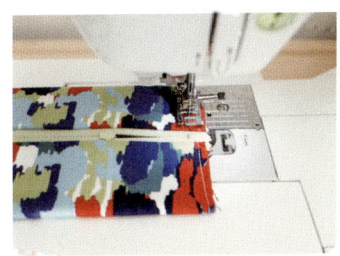

11 또 뒤집어서 지퍼를 가운데에 두고 옆선을 박고 오버로크를 해줍니다(오버로크 기계가 없으면 재봉틀의 오버로크 스티치 기능을 활용합니다). 뒤집으면 완성!

Appliqué · Pouch

아이스크림 파우치

달달한 아이스크림 모양 파우치!
귀여운 폼폼으로 체리를 표현하고, 콘 부분은 와플 원단을 사용해서
더욱 귀엽고 실감나는 파우치가 완성되었습니다.
펜이 들어갈 정도의 길이여서 필통으로 쓰기에도 좋습니다.

재료
바닐라 아이스크림 2장, 시럽 원단 1장, 콘 2장, 안감 2장, 폼폼 1개, 지퍼 끝막음 원단 3.5×3.5cm 2장, 지퍼

Appliqué · Pouch

도안

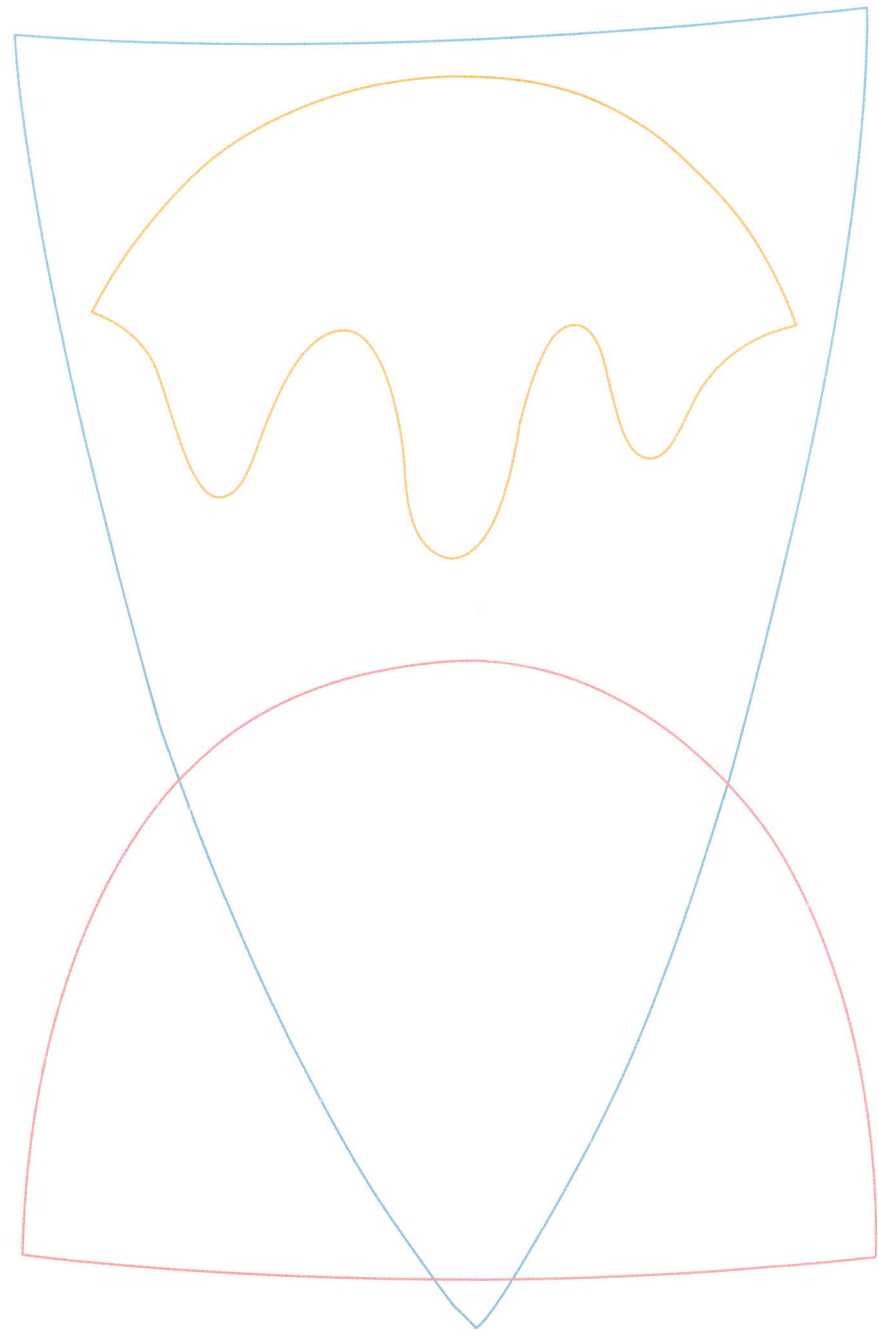

How to Make

01 바닐라 아이스크림 원단 위에 시럽 원단을 지그재그 스티치로 박아줍니다.

02 콘 원단을 연결합니다.

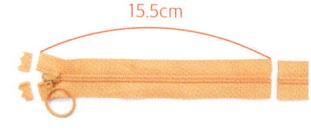
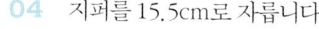

03 안감 원단 위에 겉감을 올린 후 테두리를 따라 그린 후 잘라줍니다.

04 지퍼를 15.5cm로 자릅니다.

05 지퍼 끝막음 원단을 사진처럼 접은 후, 지퍼 양 끝부분에 대고 박아줍니다(튀어나온 원단은 잘라줍니다).

How to Make

06 바늘이 왼쪽으로 가도록 한 후 콘의 오른쪽 선에 지퍼 겉을 맞대고 박아줍니다.

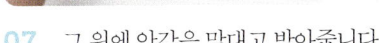

07 그 위에 안감을 맞대고 박아줍니다.

08 콘의 뒷면 왼쪽 선에 지퍼 겉을 맞대고 박아줍니다.

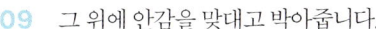

09 그 위에 안감을 맞대고 박아줍니다.

10 지퍼 달기가 끝나면 이러한 모습이 됩니다.

How to Make

11 겉감은 겉감끼리, 안감은 안감끼리 맞닿게 한 후 창구멍을 남기고 박아줍니다.

12 창구멍 통해 뒤집은 후 창구멍은 막아줍니다.

13 폼폼을 달면 완성!

Appliqué · Pouch

베레모 소녀
생리대 파우치

볼 때마다 기분이 좋아지는 귀여운 소녀를 아플리케 한 파우치입니다.
이제 생리대를 깔끔하고 센스 있게 보관하세요.
중형 사이즈 기준으로 양쪽에 각 2~3개씩 넣을 수 있습니다.

재료

겉감 27×14.5cm 1장, 안감 1장, 2온스 접착 솜 심지 1장, 안주머니 원단 24×14.5cm 2장, 2온스 접착 솜 심지 12×14.5cm 2장, 아플리케 원단, 벨크로 3cm 2개

재단하기

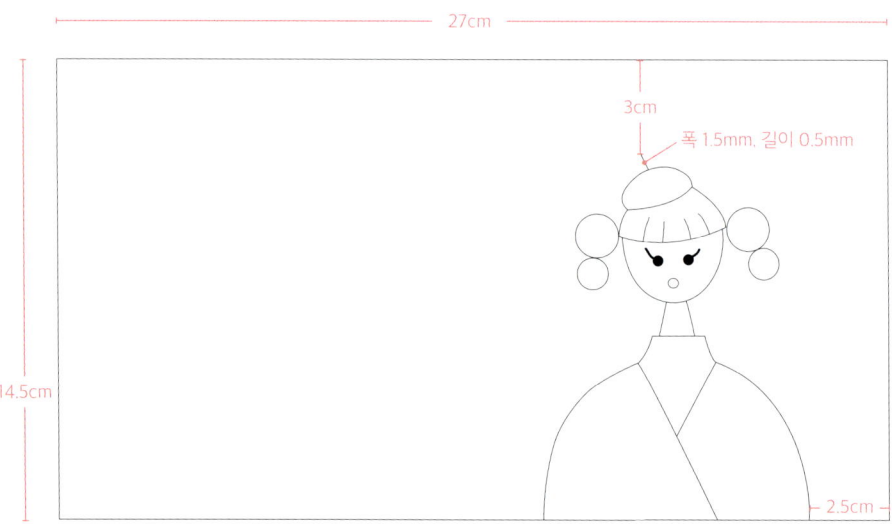

Appliqué · Pouch

도안

How to Make

01 아플리케 한 원단에 솜 심지를 붙입니다.

02 안주머니에 솜 심지를 붙이고 반으로 접어줍니다.

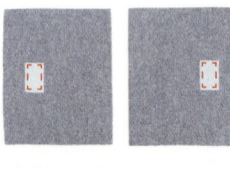

03 솜 심지를 붙인 면에 벨크로를 박아줍니다.

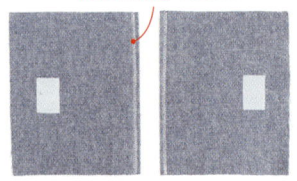

폭 3.5mm, 길이 1.2mm

04 입구 쪽을 지그재그 스티치로 박아줍니다.

05 안감 위에 주머니 원단을 잘 배치한 후, 테두리 선을 박아 고정합니다.

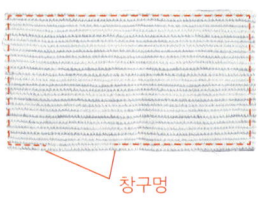

창구멍

06 겉감의 겉과 안감의 겉을 맞댄 후, 창구멍을 남기고 박아줍니다.

07 모서리 시접 부분은 두툼하기 때문에 조금 잘라주고, 창구멍을 통해 뒤집어줍니다.

08 다림질로 모양을 잘 잡아주고, 창구멍을 공그르기 합니다.

09 완성

Appliqué · Tip

- 베레모 꼭지는 지그재그 스티치를 폭 1.5mm, 길이 0.5mm로 설정하고 2겹을 박아줍니다.

Appliqué · Pouch

브레드 카드지갑

빵과 커피를 끄적끄적 낙서하듯
드로잉 하는 느낌으로 표현한 카드지갑입니다.
작지만 입체감 있는 형태로 카드나 동전을
여유 있게 수납할 수 있습니다.

재료

겉감 1장, 안감 1장, 아플리케 원단, 면 테이프 3×50cm, 지퍼

재단하기

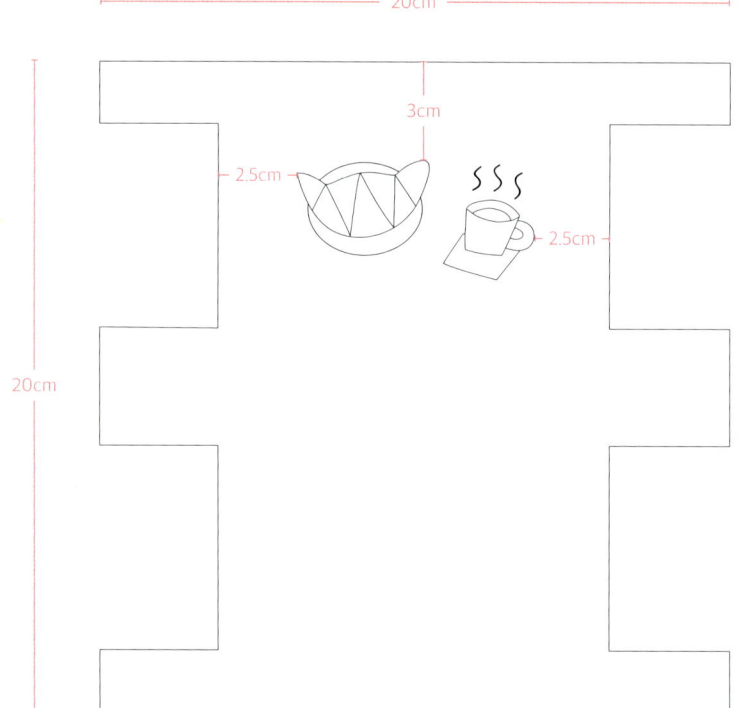

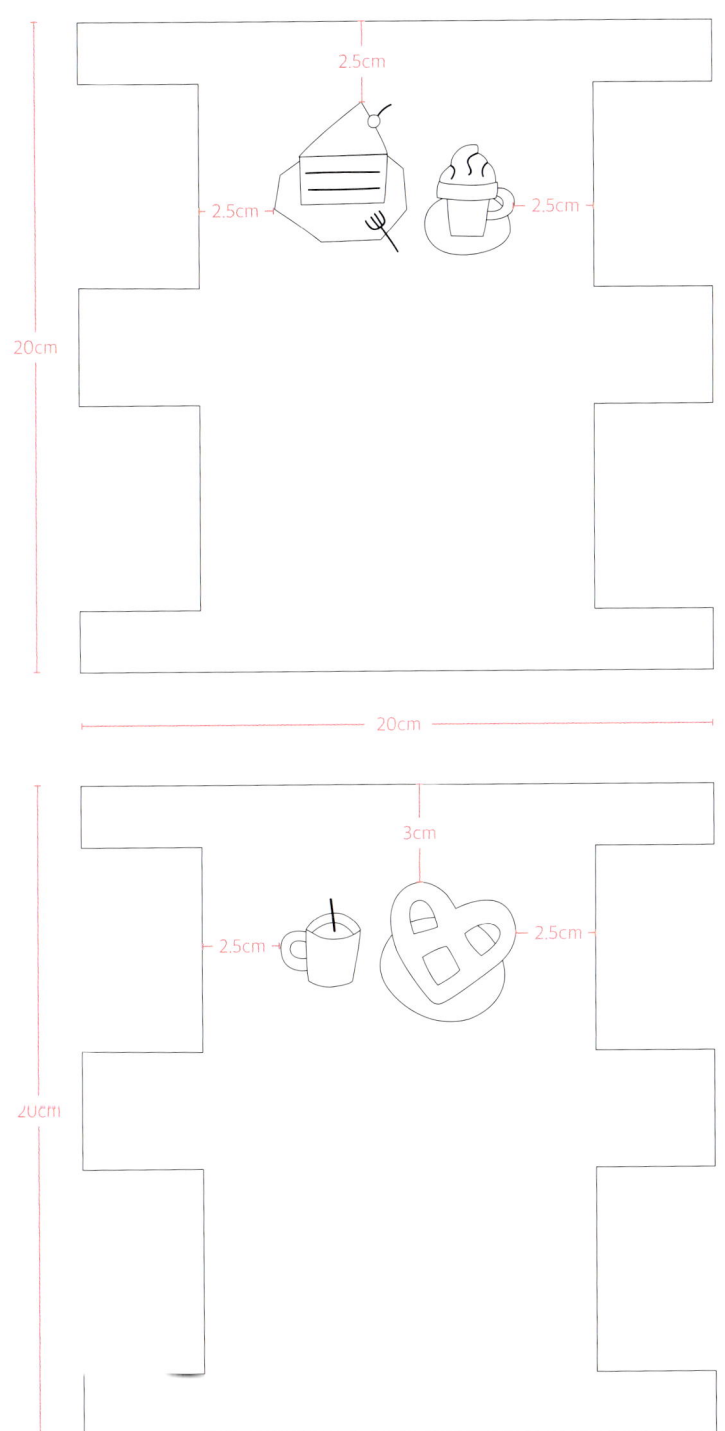

도안

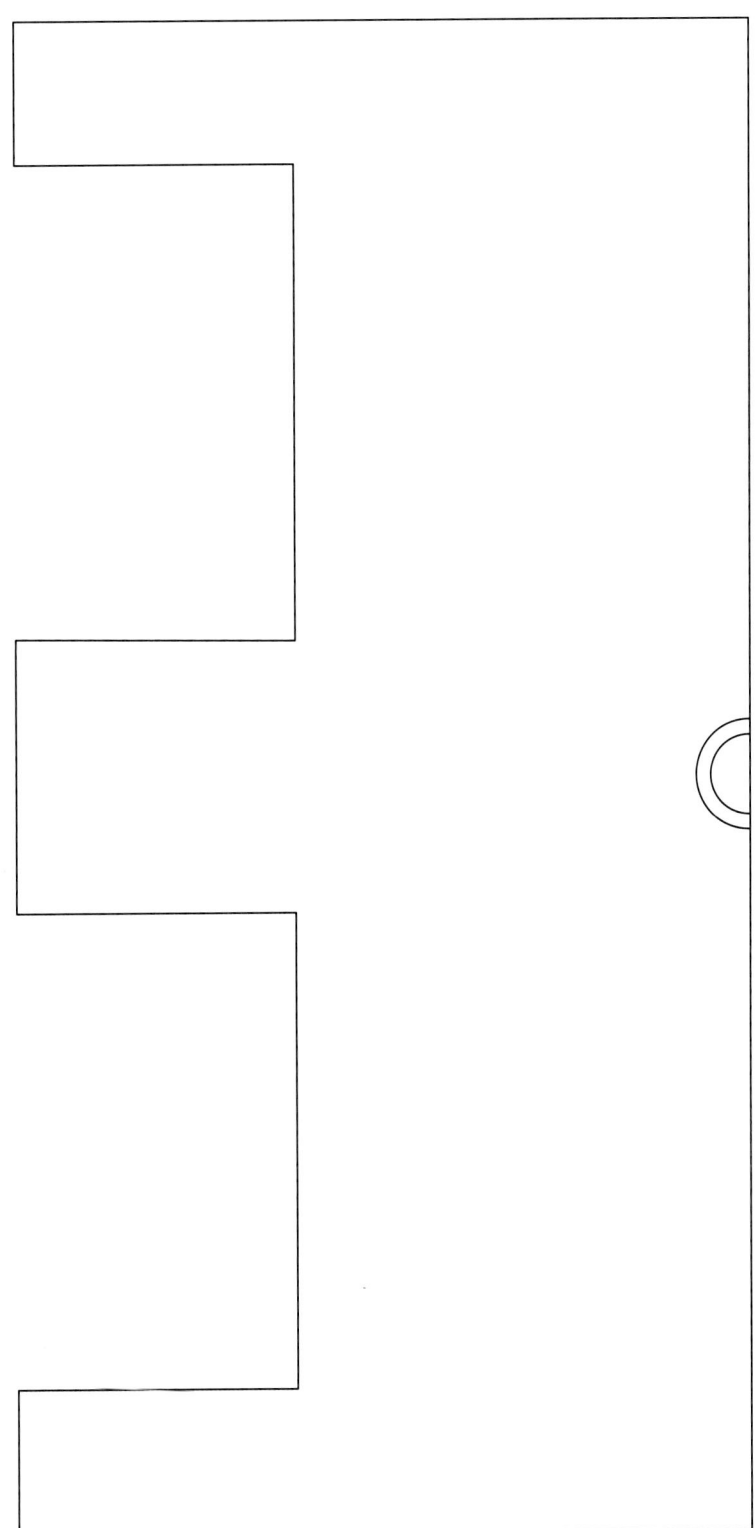

How to Make

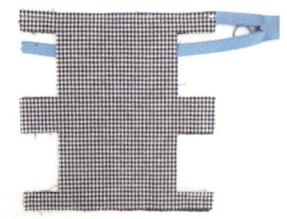

01 아플리케 한 겉감 위에 지퍼의 겉을 맞대고 박아줍니다.

02 그 위에 안감의 겉을 맞대고 박아줍니다.

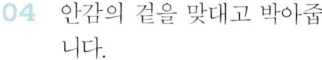

03 반대편 겉감에 지퍼 겉을 맞대고 박아줍니다.

04 안감의 겉을 맞대고 박아줍니다.

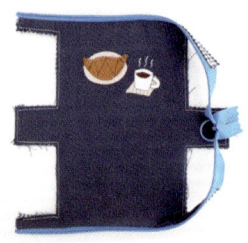

05 겉감과 안감을 사진처럼 잘 겹치도록 배치합니다.

06 테두리를 박아 겉감과 안감을 고정시킵니다.

07 표시한 부분을 박아줍니다.

08 면 테이프를 반으로 접은 후 시접에 대고 박아줍니다.

09 옆선을 박아줍니다.

 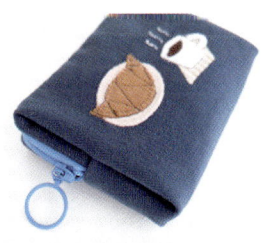

10 면 테이프를 반으로 접은 후, 옆선의 시접에 대고 박아줍니다(끝부분은 감싸 접어서 박아줍니다).

11 뒤집으면 완성!

Appliqué · Tip

- 퀼팅 풋 노루발로 선을 표현하는 부분은 모두 2겹으로 박아줍니다.

Appliqué · Pouch

Appliqué · Pouch

집 파우치

알록달록 다양한 색깔의 집들을
파우치로 만들어 보았습니다.
모두 세 가지 사이즈로
동전지갑이나 카드지갑으로 활용해보세요.

재료

몸통 원단 2장, 지붕 원단 2장, 안감 2장, 지퍼 끝막음 원단 3.5×3.5cm 2장, 아플리케 원단, 남색 집용 지퍼 11.5cm, 빨간색 집용 지퍼 8cm, 회색 집용 지퍼 15cm

재단하기

집 파우치 S

폭 2mm, 길이 0.5mm 2겹

폭 1.5mm, 길이 0.5mm 2겹

집 파우치 M

폭 1.5mm, 길이 0.5mm 2겹

폭 2mm, 길이 0.5mm 2겹

집 파우치 L

폭 2mm, 길이 0.5mm 2겹

폭 1.5mm, 길이 0.5mm 2겹

도안

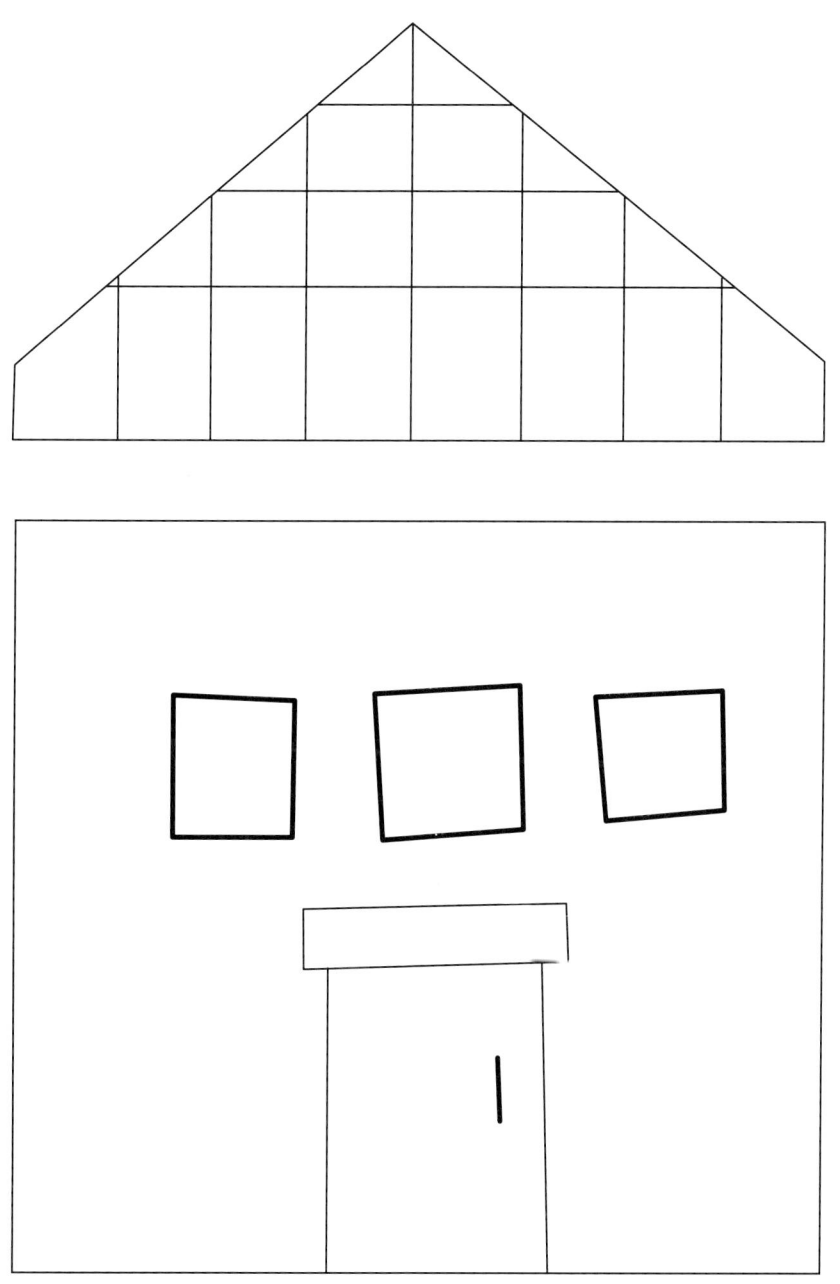

집 파우치 S

집 파우치 M

집 파우치 L

How to Make

01 몸통 원단과 지붕 원단을 맞대고 박아줍니다.

02 튀어나온 시접은 잘라줍니다.

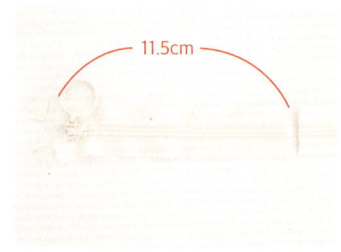

03 안감 원단 위에 겉감을 올린 후, 테두리를 따라 그린 후 잘라줍니다.

04 지퍼를 11.5cm로 잘라줍니다(집 파우치 S용 지퍼 8cm, 집 파우치 L용 지퍼 15cm).

05 지퍼 끝막음 원단을 사진처럼 접은 후, 지퍼 양 끝부분에 대고 박아줍니다(튀어나온 원단은 잘라줍니다).

06 바늘이 왼쪽으로 가도록 한 후 몸통의 오른쪽 선에 지퍼 겉을 맞대고 박아줍니다.

07 그 위에 안감을 맞대고 박아 줍니다.

08 몸통의 뒷면 왼쪽 선에 지퍼 겉을 맞대고 박아줍니다.

09 그 위에 안감을 맞대고 박아 줍니다.

10 겉감은 겉감끼리, 안감은 안감끼리 맞닿게 한 후 창구멍을 남기고 박아줍니다.

창구멍

11 창구멍 통해 뒤집은 후 창구멍은 막아줍니다.

12 완성

Appliqué · Tip

- 창문은 모두 지그재그 스티치를 폭 2mm, 길이 0.5mm로 설정하고 2겹을 박아줍니다.
- 문의 손잡이, 남색, 회색 집의 가로 선, 오픈 팻말은 폭 1.5mm, 길이 0.5mm로 설정하고 2겹을 박아줍니다.

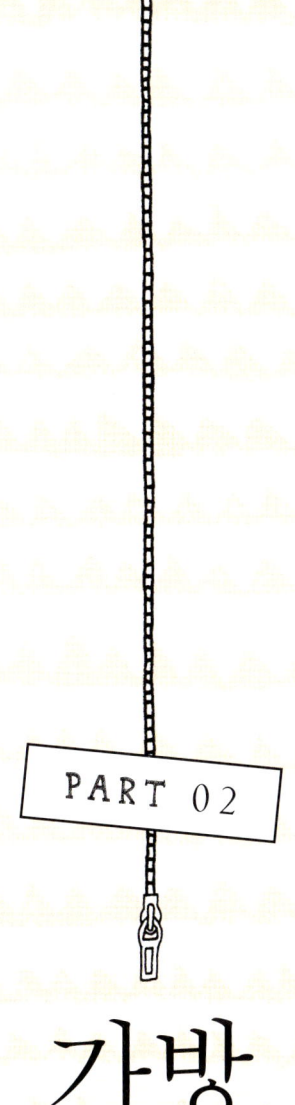

PART 02

가방
만들기

기본 숄더백 만드는 방법

겉감

01 겉감의 겉과 겉을 맞대고 박아줍니다.

끈

아사 접착 심지

02 끈을 튼튼하게 보강하기 위해 아사 접착 심지를 붙입니다(선택 사항).

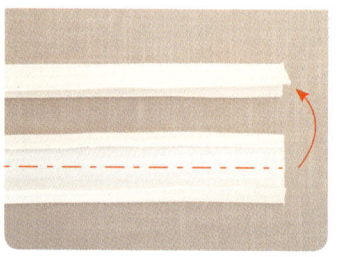

03 양쪽 시접을 1cm씩 접어 다린 후 또 반을 접어줍니다.

04 끈의 양쪽 가장자리를 박아줍니다.

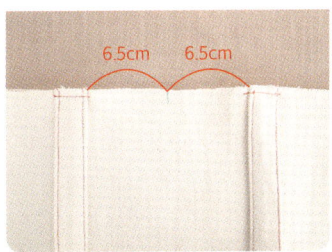 

05 겉감 입구 부분에 숨심선을 기준으로 양쪽에 6.5cm 되는 부분을 표시한 후 끈을 연결합니다(뒷면도 동일).

안주머니, 안감

 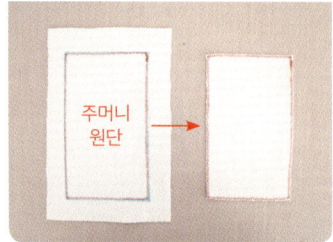

06 주머니 원단 위, 아래 부분을 오버로크를 합니다.

   Tip. 오버로크 기계가 없으면 재봉틀의 지그재그 스티치나 오버로크 스티치 기능을 활용합니다. 이때 주머니 완성 사이즈보다 원단을 넉넉하게 자른 후 스티치를 박고 자릅니다(폭 4.5mm, 길이 1.2mm 정도).

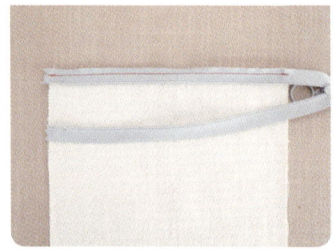 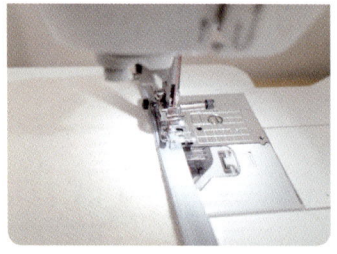

07 겉감의 겉과 지퍼의 겉을 맞대고 박아줍니다(재봉틀 바늘이 제일 왼쪽으로 가도록 한 후, 지퍼를 연 상태에서 박아줍니다).

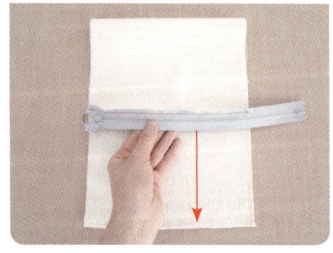 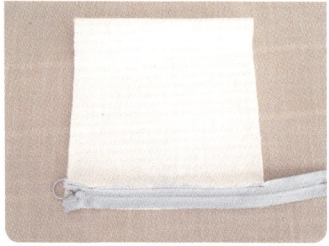

08 지퍼를 닫고 반대편 겉감과 지퍼의 겉을 맞대고 박아줍니다.

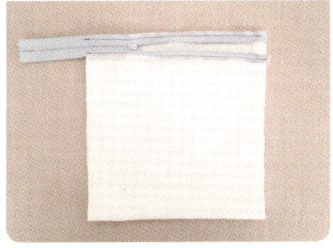
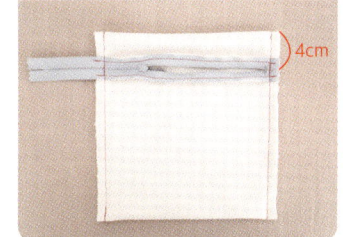

09 지퍼 고리에 걸려서 박기 어려울 경우, 노루발을 들어 지퍼를 연 다음 박아줍니다.

10 옆선을 박아줍니다.

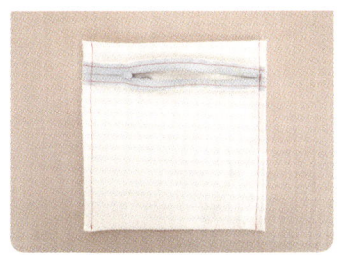

11 오버로크를 합니다.

12 뒤집어줍니다.

13 안감에 주머니를 연결합니다.

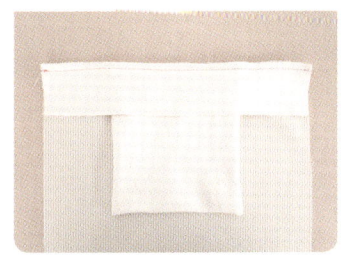

14 안감과 안단을 연결합니다.

15 반대쪽 안감과 안단도 연결합니다.

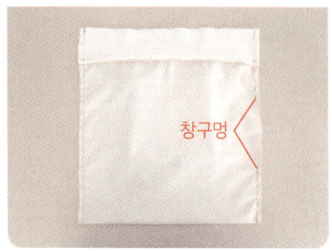

16 창구명을 남긴 후, 안감의 옆선을 박아줍니다.

자석단추 달기

17 안단의 뒷면 중심 부분에 접착 심지를 붙입니다.

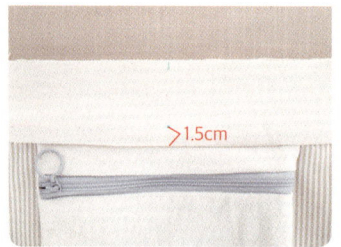

18 안감의 중심선에서 1.5cm 되는 부분을 표시합니다.

19 그 위에 자석단추를 넣을 부분을 표시한 후 가위로 자릅니다.

20 자석단추를 넣어줍니다.

21 뒷부분에 두꺼운 솜 심지와 원형판을 끼웁니다.

22 튀어나온 부분은 망치를 이용해 구부려줍니다.

23 반대편 부분도 같은 방식으로 자석단추를 달아줍니다.

겉감과 안감 연결

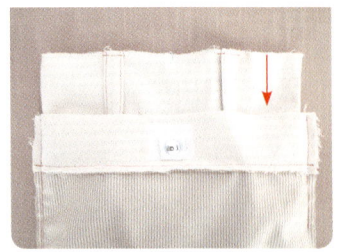

24 겉감의 겉과 안감의 겉을 맞 댑니다.

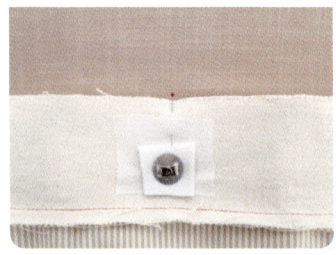

25 시침핀으로 옆선과 중심선을 잘 맞춰줍니다.

26 입구 부분을 둘러 박아줍니다.

27 창구멍을 통해 뒤집은 후

28 창구멍을 막아줍니다.

29 완성

바닥 폭이 있는 숄더백 만드는 방법

기본 숄더백 만드는 방법의 1번 과정과 16번 과정에
다음의 과정을 추가하면 바닥 폭이 있는 숄더백이 완성됩니다.

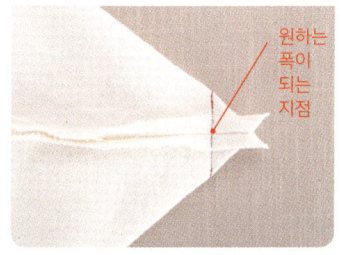

01 겉감 옆선의 시접을 가른 후, 모서리 부분을 삼각 형태로 만든 다음 원하는 폭이 되는 지점을 표시하고 박아줍니다.

02 모서리의 시접 부분을 잘라줍니다.

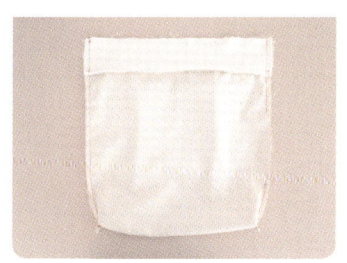

03 안감도 모두 같은 방식으로 박고 시접을 잘라줍니다.

04 완성

기본
숄더백을
이용한
가방

Appliqué · Bag

얼굴 드로잉 가방

도안을 그리지 않고 즉흥적으로 자르고 조합해서
얼굴을 표현해보았습니다.
자개 링을 귀에 달아 포인트를 주었습니다.

재료

겉감 37×72cm, 끈 6×70cm 2장, 안단 37×7cm 2장, 안감 37×62cm, 주머니 20×40cm, 아플리케 원단, 안 쓰는 귀걸이나 단추, 자석단추, 지퍼

재단하기

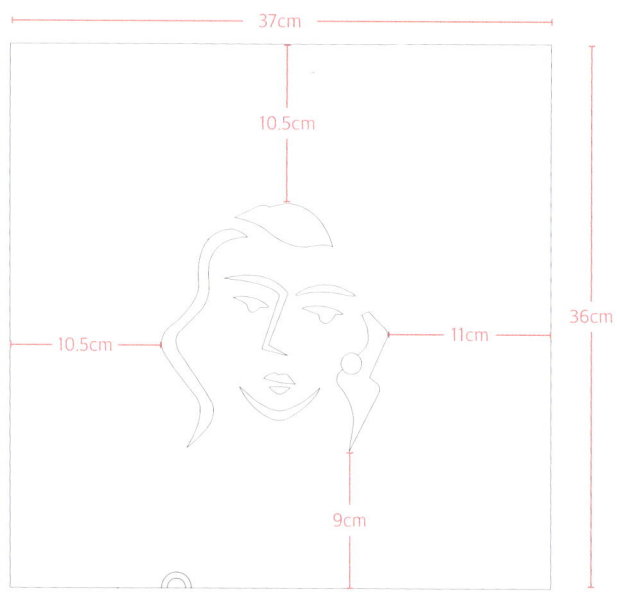

도안

How to Make

기본 숄더백 만들기 방법을 이용하여 만듭니다(p. 174).

Appliqué · Bag

디자인 맵 가방

영감이나 아이디어를 얻기 위해
스크랩 해놓은 디자인 맵을 아플리케로 옮긴
재미있고 독특한 가방입니다.

재료

겉감 37×72cm , 끈 6×75cm 2장, 안단 37×7cm 2장, 안감 37×62cm, 주머니 20×40cm, 아플리케 원단, 우드링, 집게, 면 테이프 7cm, 울 실, 자석단추, 지퍼

재단하기

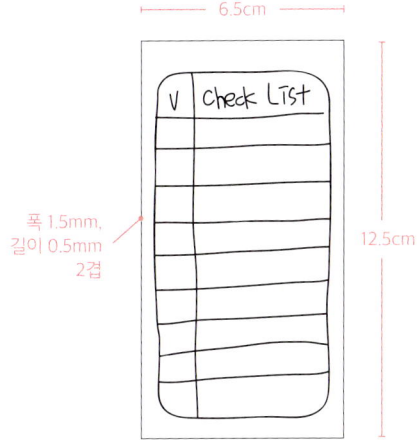

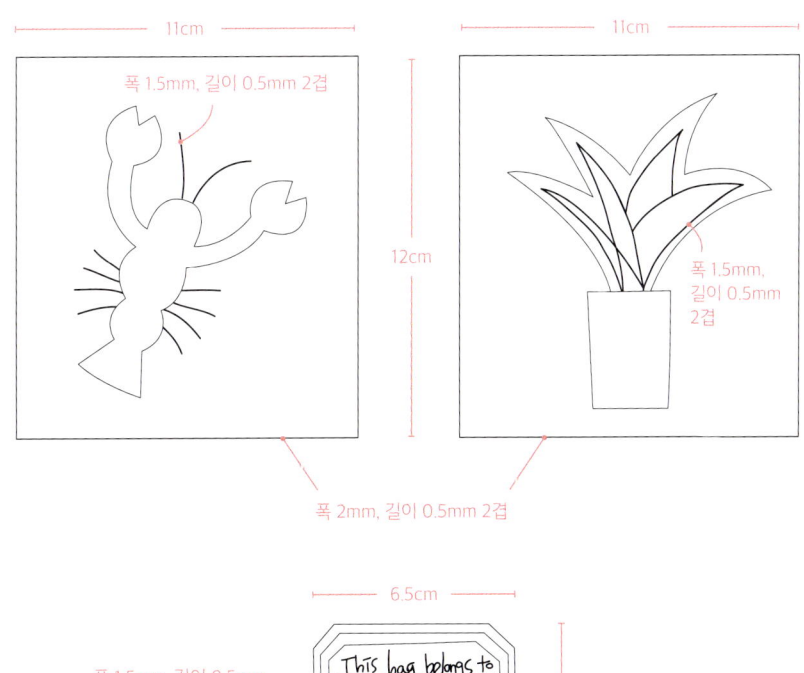

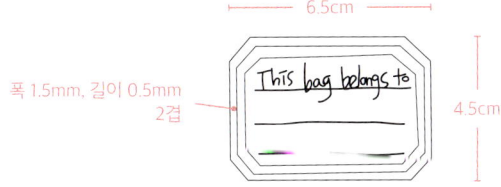

배치

도안

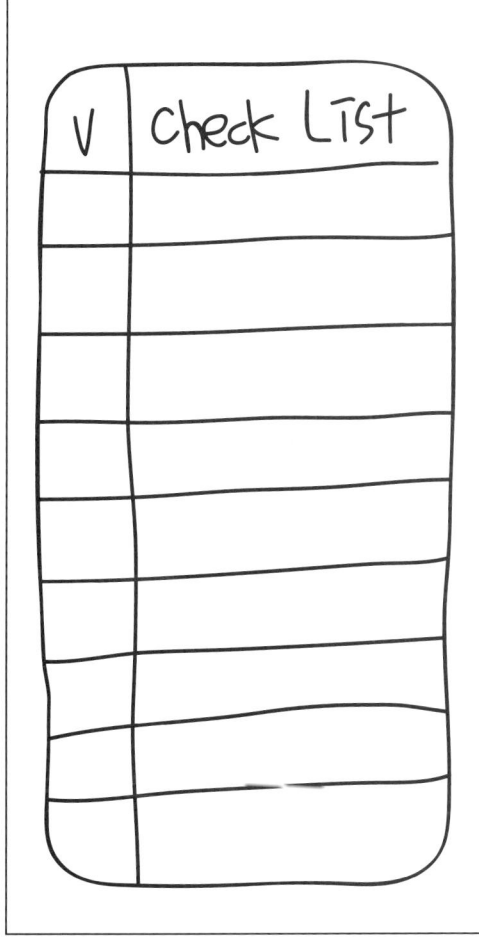

How to Make

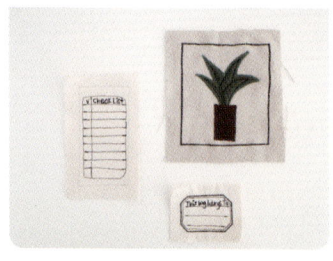

01 테두리 선이 들어간 아플리케는 원단을 넉넉하게 자른 상태에서 아플리케 합니다.

02 여백을 잘라줍니다.

03 조각들을 잘 배치해 시침핀으로 고정시킨 후 박아줍니다.

04 실밥들을 잘 정리하고 집게도 집어줍니다.

05 기본 숄더백 만들기 방법을 이용하여 만듭니다(p.174).

Appliqué · Tip

- Check List, This bag belongs to 글자의 테두리는 지그재그 스티치를 폭 1.5mm, 길이 0.5mm로 설정하고 2겹을 박아줍니다. 영어 부분은 같은 자리를 여러 번 왔다 갔다 반복하면서 박아줍니다.
- 식물 안의 선, 식물과 랍스터의 테두리는 폭 2mm, 길이 0.5mm로 설정하고 2겹을 박아 러프하게 잘라줍니다. 랍스터의 더듬이는 폭 1.5mm, 길이 0.5mm로 설정하고 2겹으로 박아줍니다.
- 나머지 원단 조각들과 마스킹 테이프 아플리케는 도안이 따로 없으니 적당한 사이즈로 잘라서 배치하면 됩니다. 끈도 적당히 감아서 고정합니다.

Appliqué · Bag

목화솜 가방

몽글몽글 귀엽고 따뜻한 목화와 그에 어울리는
드라이플라워를 조화롭게 배치해 아플리케 한 가방입니다.
모직 원단으로 만들어 따뜻하고 고급스러운 느낌입니다.

재료

겉감 40×84cm, 끈 7×70cm 2장, 안단 40×7cm 2장, 안감 40×74cm, 주머니 20×40cm, 아플리케 원단, 자석단추, 지퍼

재단하기

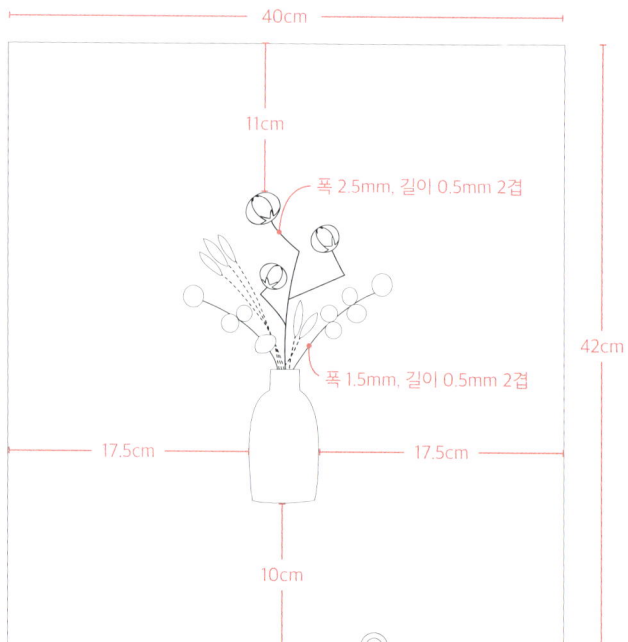

도안

How to Make

기본 숄더백 만들기 방법을 이용하여 만듭니다(p.174).

Appliqué · Tip

- 목화솜의 가지는 지그재그 스티치를 폭 2.5mm, 길이 0.5mm로 설정하고 2겹을 박아줍니다.
- 유칼립투스의 가지는 폭 1.5mm, 길이 0.5mm로 설정하고 2겹을 박아줍니다.
- 목화솜 특유의 몽글몽글한 느낌을 퀼팅 풋 노루발을 사용해 동그란 모양으로 박으면서 표현하고, 갈색 부분은 손으로 원단을 왔다 갔다 움직여가면서 여러 번 박아줍니다. 도안과 똑같이 박으려고 하지 않아도 좋으니 느낌을 잘 살려서 표현합니다.

APPLIQUÉ BAG

바닥 폭이 있는
숄더백을 이용한
가방

Appliqué · Bag

소녀 가방

시원한 원피스를 입고 있는 소녀를
아플리케 한 숄더백입니다.
린넨 원단을 사용하여
자연스러운 느낌을 살렸습니다.

재료
겉감 39×42cm 2장, 끈 7×75cm 2장, 안단 39×7cm 2장, 안감 39×72cm, 주머니 20×40cm, 아플리케 원단, 자석단추, 지퍼

재단하기

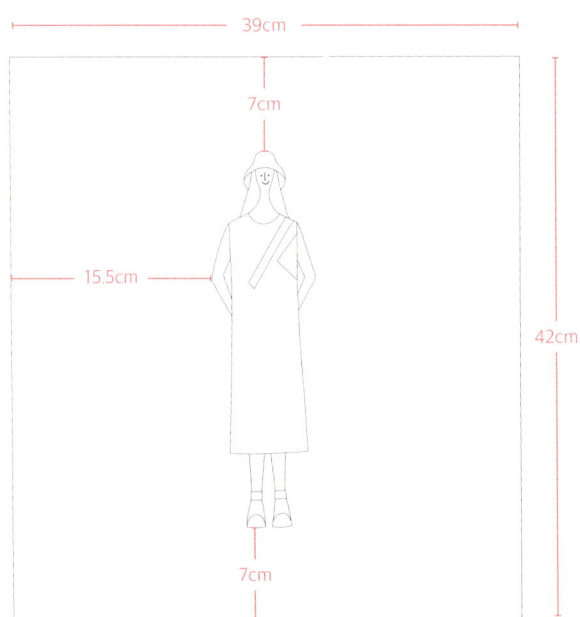

실물 도안 별지

How to Make

바닥 폭이 있는 숄더백 만들기 방법을 이용하여
바닥 폭이 3cm인 가방을 만듭니다(p.181).

Appliqué · Bag

뻐꾸기 시계 가방

빈티지한 감성의 뻐꾸기 시계를
동화적인 색감의 원단으로
아플리케 한 가방입니다.

재료

겉감 38×42cm 2장, 끈 7×65cm 2장, 안단 38×7cm 2장, 안감 38×72cm, 주머니 20×40cm, 아플리케 원단, 자석단추, 지퍼

재단하기

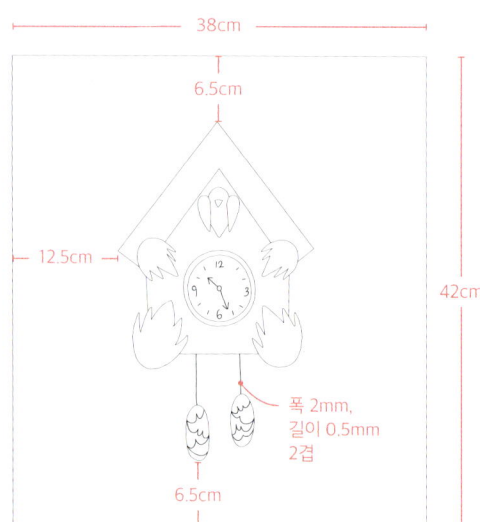

실물 도안 별지

How to Make

바닥 폭이 있는 숄더백 만들기 방법을 이용하여
바닥 폭이 3cm인 가방을 만듭니다(p. 181).

Appliqué · Tip

- 솔방울이 갈색 줌은 지그재그 스티치를 폭 2mm, 길이 0.5mm로 설정하고 2겹으로 박아줍니다.
- 선으로 표현하는 시계와 솔방울 부분은 실로 그림을 그린다는 느낌으로 자연스럽게 손으로 원단을 움직여 가면서 박아줍니다.

Appliqué · Bag

석고상 가방

석고상과 풀잎을 콜라주 하듯이 자유롭게 배치해
아플리케 해보았습니다.
예술적이면서 묘한 분위기가 느껴지는
매력적인 가방입니다.

재료

겉감 39×44cm 2장, 끈 7×65cm 2장, 안단 39×7cm 2장, 안감 39×76cm, 주머니 20×40cm, 아플리케 원단, 자석단추, 지퍼

재단하기

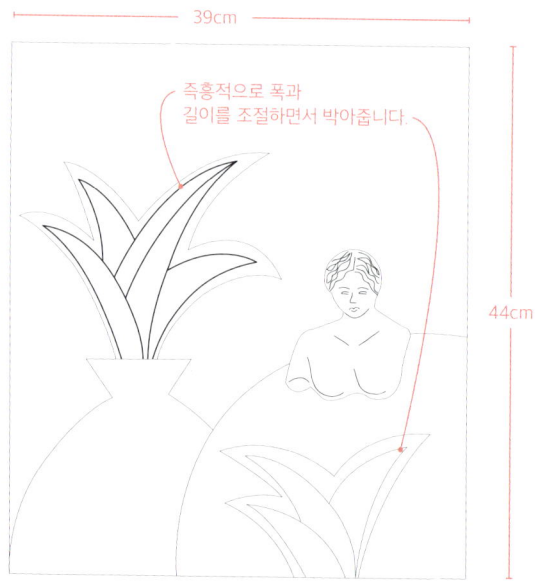

즉흥적으로 폭과 길이를 조절하면서 박아줍니다.

39cm

44cm

실물 도안 별지

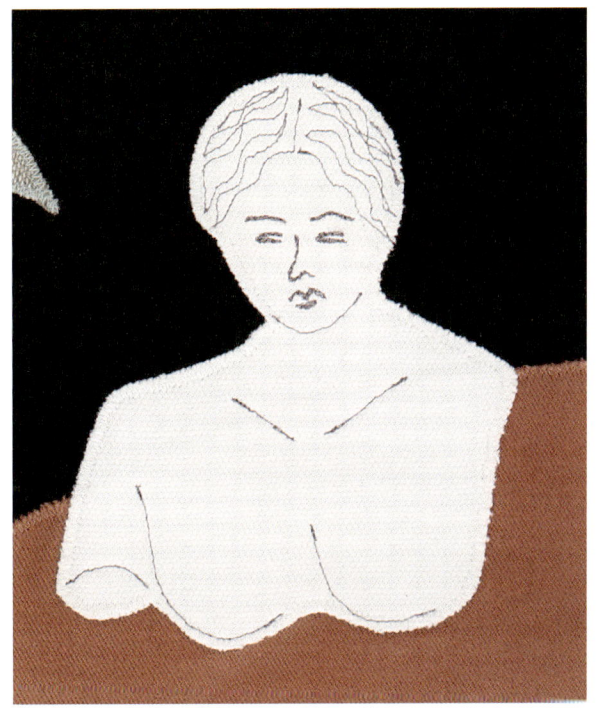

How to Make

바닥 폭이 있는 숄더백 만들기 방법을 이용하여
바닥 폭이 5cm인 가방을 만듭니다(p. 181).

Appliqué · Tip

- 풀잎 안의 선은 지그재그 스티치의 폭과 길이를 순응적으로 조절하면서 박아줍니다.
- 석고상은 퀼팅 풋 노루발을 사용해 그림을 그리듯이 자연스럽게 손으로 원단을 움직여가면서 박아줍니다.

다양한 가방

Appliqué · Bag

레몬 & 아보카도 물병 가방

상큼한 레몬과 아보카도를
아플리케 한 물병 가방입니다.
여행을 가거나 등산을 할 때 유용하게 쓰일 것입니다.
500ml 생수병 사이즈로 만들있습니다.

재료

겉감 26×19cm 1장, 2온스 접착 솜 심지 1장, 안감 1장, 입구 원단 26×14cm 1장, 끈 4×120cm, 스트링 40cm, 스토퍼

Appliqué · Bag

재단하기

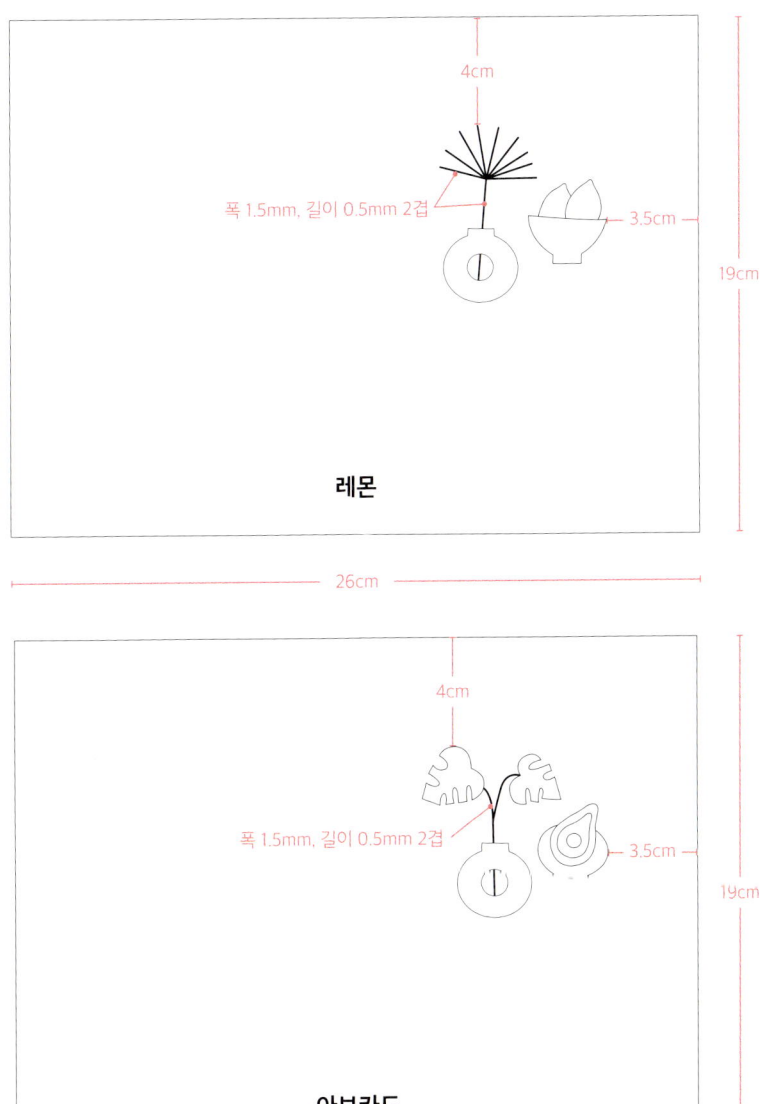

도안

레몬

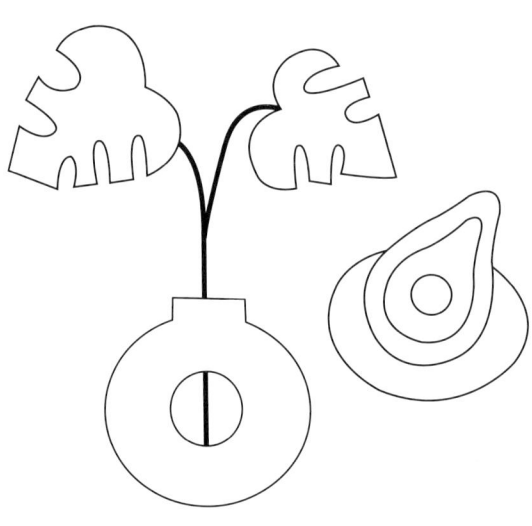

아보카도

How to Make

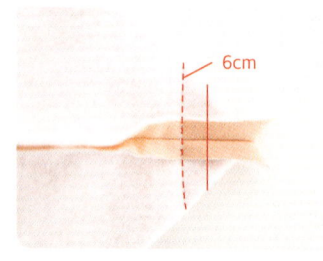

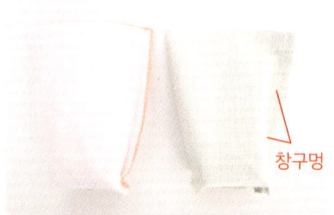

01　겉감을 반을 접어 박아줍니다.

02　바닥 폭을 6cm로 만들어 박고 시접을 잘라줍니다.

03　안감도 겉감과 같은 방식으로 창구멍을 남기고 박아줍니다.

04　입구 원단은 반으로 접어 스트링이 들어갈 부분을 빼고 박아줍니다.

05　뒤집어서 스트링 들어갈 부분과 밑부분을 박아줍니다.

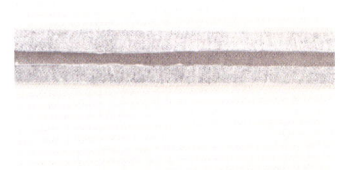

06　끈의 양쪽 시접을 중심선까지 접어 다림질한 후, 반을 또 접어 양쪽을 박아줍니다.

How to Make

07 끈과 몸통을 연결합니다.

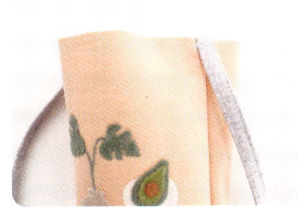

08 입구 원단도 연결합니다.

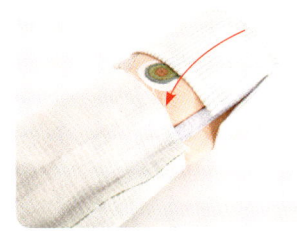

09 겉감의 겉과 안감의 겉을 맞대고 박아줍니다.

10 창구멍을 통해 뒤집은 후 창구멍을 막아줍니다.

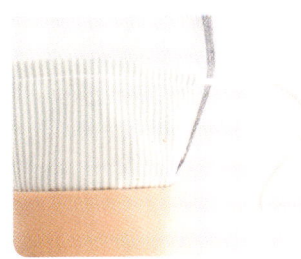

11 스트링을 넣습니다.

12 스토퍼를 끼운 후, 매듭을 짓습니다.

13 완성

Appliqué · Tip

- 식물의 줄기는 지그재그 스티치를 폭 1.5mm, 길이 0.5mm로 설정하고 2겹을 박아줍니다.

Appliqué · Bag

티포트 도시락 가방

티포트와 찻잔을 아플리케 한
복주머니 형태의 도시락 가방입니다.
동글동글 귀여운 이 가방을 보고 있으면
예쁘게 도시락을 싸서
소풍을 가고 싶은 기분이 듭니다.

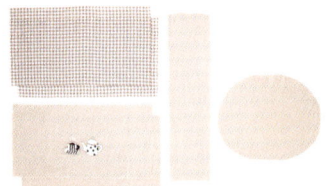

재료

겉감 32×16cm 2장, 체크 원단 32×17cm 2장, 끈 8×36cm 2장, 원형 바닥 겉감 1장, 끈 70cm 2줄, 안감 32×21.5cm 2장, 원형 바닥 안감 1장

재단하기

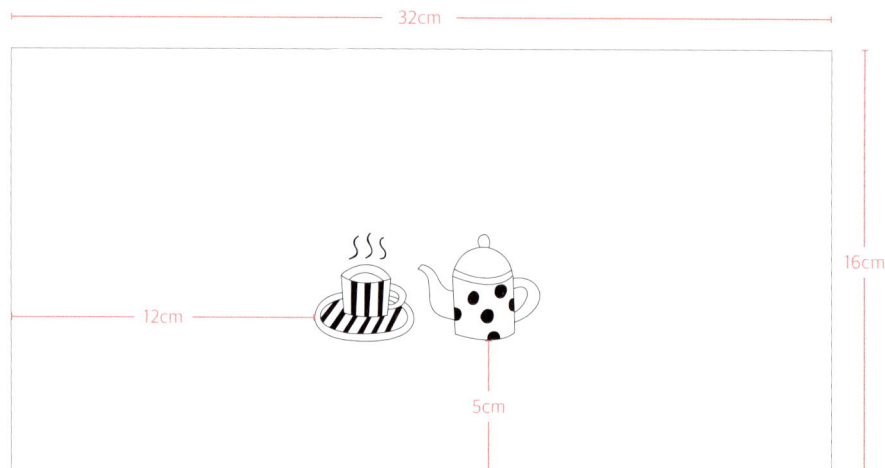

도안

바닥 도안

How to Make

01 겉감의 겉과 겉을 맞대고 옆선을 박아줍니다.

02 체크 원단의 옆선은 6cm만 박아줍니다.

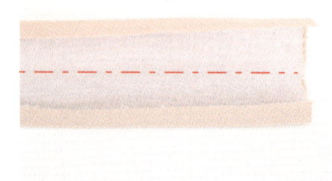

03 끈은 양쪽 시접 1cm씩 접어 다림질한 후 또 반을 접어줍니다.

04 양쪽을 박아줍니다.

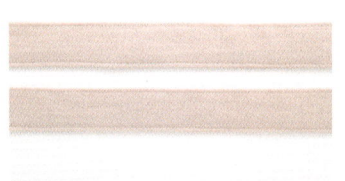

05 겉감 입구 부분에 중심선을 기준으로 양쪽에 6cm 되는 부분을 표시한 후, 끈을 연결합니다.

06 겉감의 겉과 체크 원단의 겉을 맞대고 박아줍니다.

07 겉감을 안으로 2cm를 밀어 넣고 다림질합니다.

How to Make

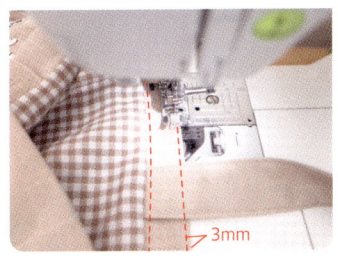

08 표시한 부분을 박아줍니다.

09 안이 보이게 뒤집어줍니다.

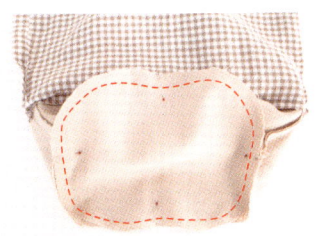

10 겉감에 원형 바닥 겉감의 겉을 맞대고 시침핀으로 잘 고정하고 박아줍니다.

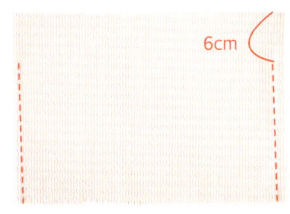
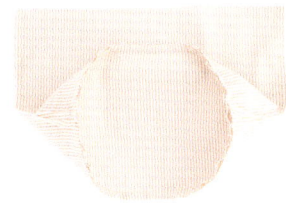

11 안감의 옆선을 6cm를 남기고 박아줍니다.

12 안감과 원형 바닥 안감의 겉을 맞대고 시침핀으로 잘 고정한 후 박아줍니다.

How to Make

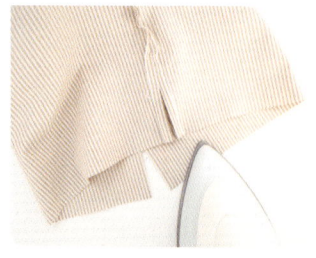

13 안감과 체크 원단의 시접을 갈라서 다림질합니다.

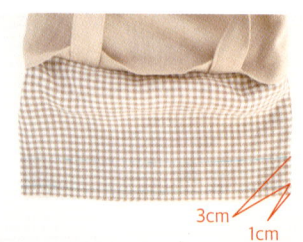

14 체크 원단에 입구 부분에 수성펜으로 1cm를 긋고 또 3cm를 그어줍니다.

15 1cm 접고 또 3cm를 접어 다림질합니다.

16 겉감 안에 안감의 겉이 보이도록 넣은 후, 윗부분을 시침핀으로 고정합니다.

17 표시한 부분을 박아 겉감과 안감을 고정합니다.

18 끈에 옷핀을 끼워 넣고 매듭을 짓습니다.

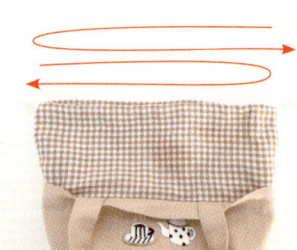

How to Make

19 완성

Appliqué · Bag

Appliqué · Tip

- 찻잔 받침과 뚜껑 밑에 금색 가죽을 잘라 아래에 덧대고 아플리케 합니다.
- 찻잔의 줄무늬와 티포트의 도트 무늬는 실로 칸을 채운다는 느낌으로 같은 자리를 여러 번 왔다 갔다 하면서 박아줍니다.

Appliqué · Bag

레몬 네트백

구멍이 송송 뚫린 네트백이 부담스러운 분들을 위한 가방입니다.
앞부분에 네트백 모양의 레이스를 덧대고
그 안에 레몬 3개를 넣어서 위트 있게 표현했습니다.
입구 부분은 복주머니 형태로 만들어 귀여움을 더했습니다.

재료

겉감 38×38cm 2장, 레이스 원단 38×38cm, 안감 38×74cm, 주머니 16×28cm, 끈 6×75cm 2장, 끈 넣는 부분 원단 37×7cm 2장, 면 끈 120cm 2줄, 레몬 아플리케 원단, 솜

재단하기

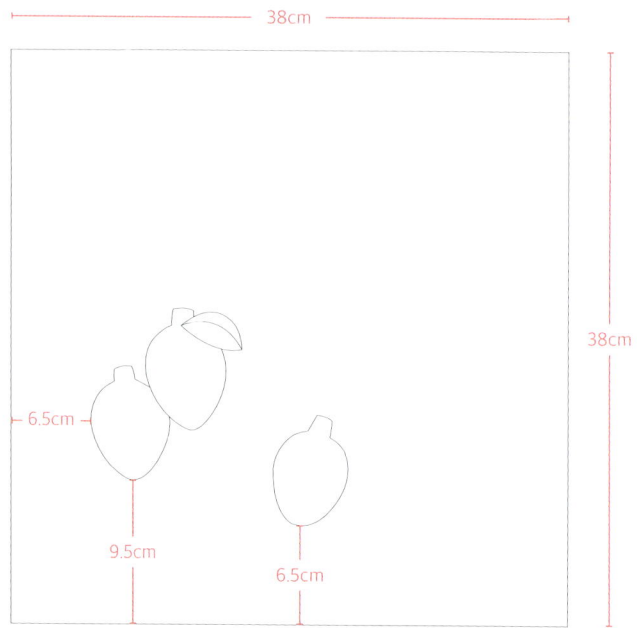

도안

How to Make

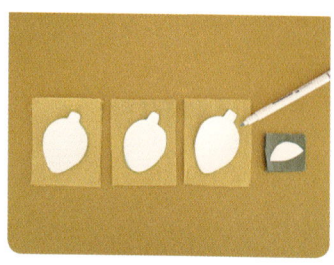

01 레몬 원단을 두 장씩 겹친 후, 도안을 옮겨 그립니다.

02 레몬의 선을 따라 지그재그 스티치로 박아줍니다.

03 스티치를 마무리하기 전에 솜을 넣은 후 이어 박아줍니다.

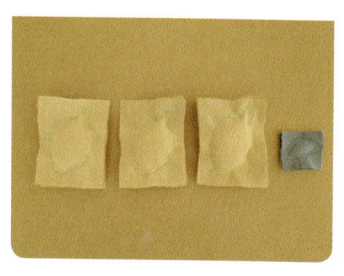

04 가위로 시접 부분을 잘라줍니다.

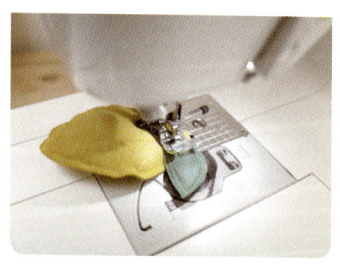

05 레몬과 잎사귀를 연결합니다.

06 원단에 레몬을 원하는 위치에 잘 배치하고 시침핀으로 고정합니다.

07 부분부분 조금씩 박아 고정합니다.

08 레이스 원단을 겉감 위에 올리고 연결합니다.

09 겉감의 앞면, 뒷면을 맞대고 박아줍니다(바닥 폭은 8cm).

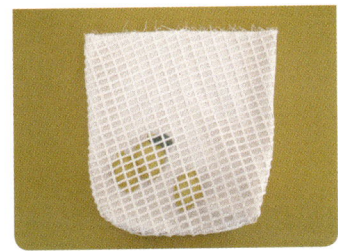

10 뒤집어줍니다.

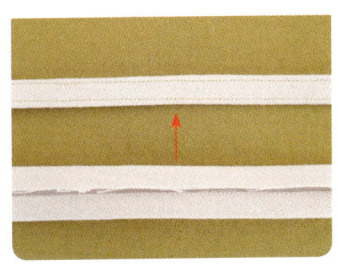

11 끈의 양쪽 시접을 중심선까지 접어 다린 후, 또 반을 접어 양쪽을 박아줍니다.

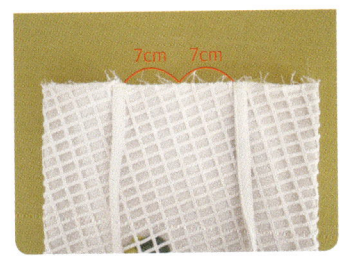

12 겉감 입구 부분에 중심선을 기준으로 양 쪽에 7cm 되는 부분을 표시한 후 끈을 연결합니다.

13 끈을 넣는 부분의 원단은 양쪽 시접을 1cm씩 접고 반을 접은 후 박아줍니다.

14 겉감에 연결합니다(앞면, 뒷면 모두).

How to Make

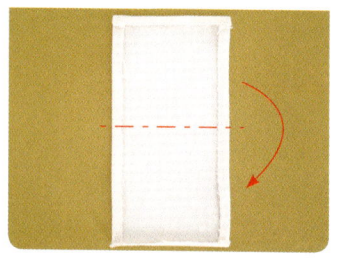

15 주머니 원단 네 변의 시접을 각 1cm씩 접은 후, 반으로 접어줍니다.

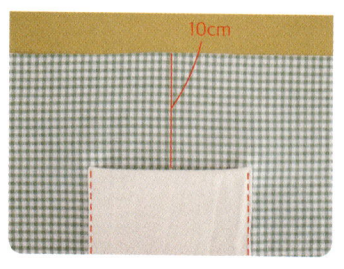

16 안감에 주머니를 올리고 박아줍니다.

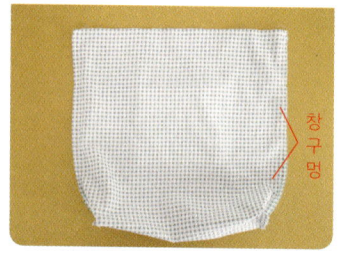

17 안감은 창구멍을 남기고 박아줍니다(바닥 폭은 8cm).

18 겉감의 겉과 안감의 겉을 맞대고 둘러 박아줍니다.

19 창구멍을 통해 뒤집은 후, 창구멍은 막아줍니다.

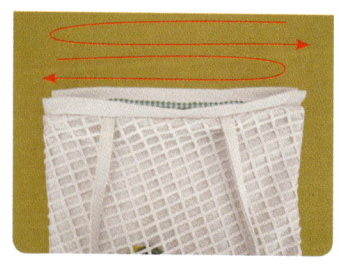

20 끈에 옷핀을 끼워 넣습니다.

How to Make

21 매듭을 지으면 완성!

Appliqué · Tip

- 레몬은 지그재그 스티치를 폭 4mm, 길이 1.2mm로 설정하고 박다가 중간에 솜을 넣고 이어 박아줍니다.
- 잎사귀도 같은 방식으로 만든 다음 레몬 위에 잎사귀를 올리고 가운데 선 부분을 폭 1.5mm, 길이 0.5mm로 박아줍니다. 이렇게 하면 자연스럽게 레몬과 잎사귀가 고정됩니다.

Appliqué · Bag

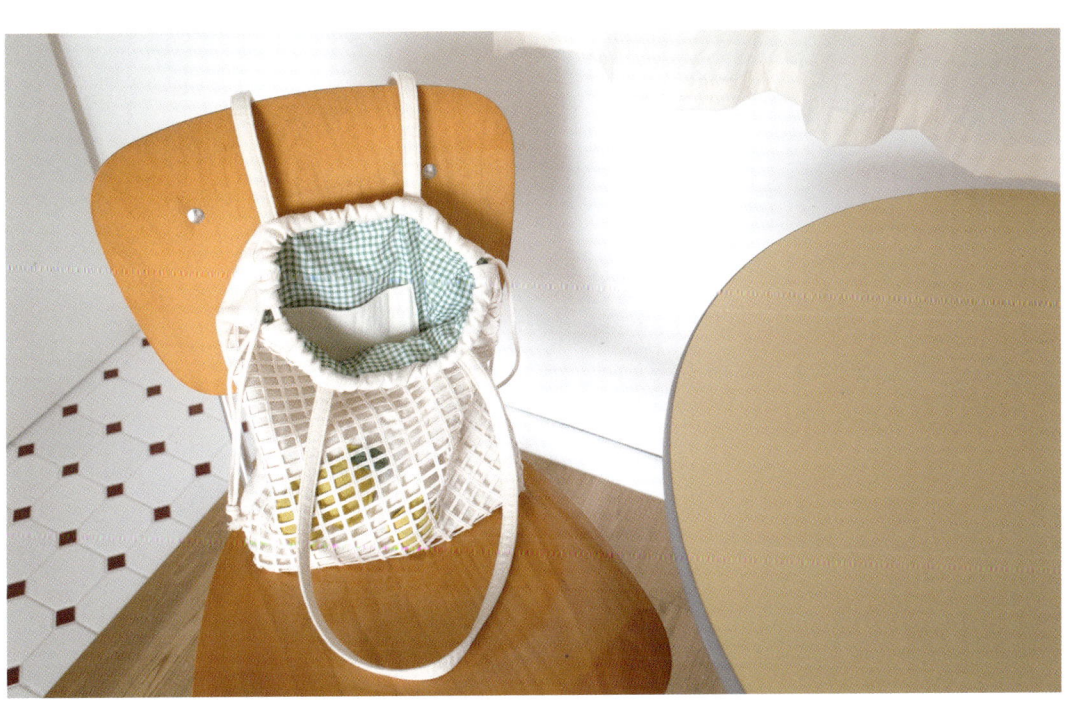

Appliqué · Bag

그리너리 크로스백

보고 있으면 눈이 편안해지는
녹색 면 원단으로 만들어본 크로스백입니다.
조화롭게 아플리케 한 공중식물들이 산뜻한 느낌을 더해줍니다.
끈 길이를 조절할 수 있습니다.

재료

겉감 20×21.5cm 2장, 2온스 접착 솜 심지 2장, 안감 20×41cm, 주머니 14×25cm, 끈 5×145cm, 지퍼 끝막음 원단 3.5×3.5cm 2장, 고리 원단 5×3.5cm 2장, 아플리케 원단, 우드링, 지퍼

재단하기

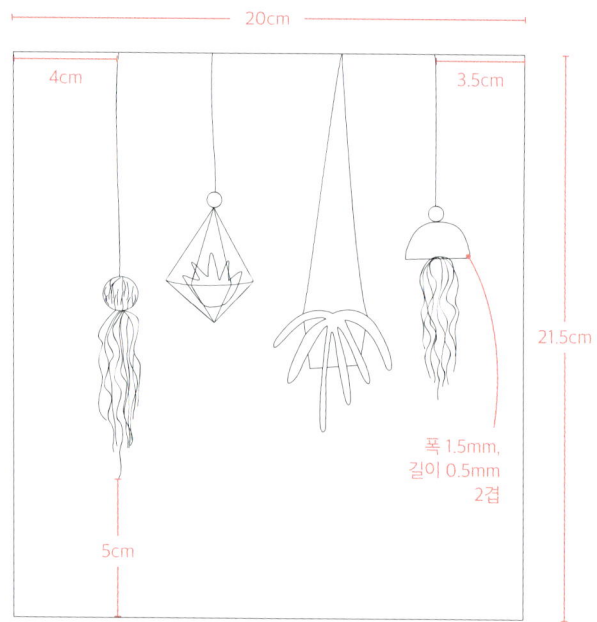

도안

How to Make

01 겉감 2장에 2온스 접착 솜 심지를 붙입니다.

02 고리 원단을 사진과 같이 접어줍니다.

03 고리 원단에 우드링을 껴서 박아줍니다.

04 아플리케 한 겉감에 우드링을 박아줍니다.

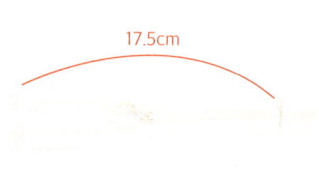

05 지퍼를 17.5cm로 잘라줍니다.

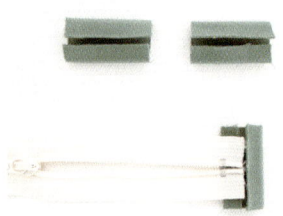

06 지퍼 끝막음 원단을 사진처럼 접은 후, 지퍼 양 끝부분에 대고 박아줍니다(튀어나온 원단은 잘라줍니다).

07 주머니 원단 네 변의 시접을 각 1cm씩 접은 후, 반으로 접어줍니다.

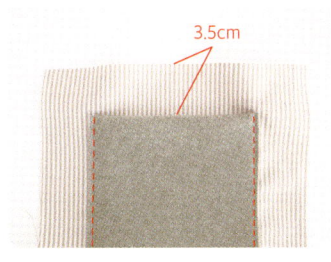

08 안감에 주머니를 올리고 박아줍니다.

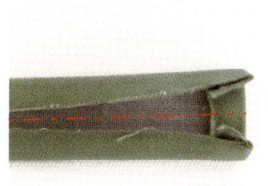

09 끈은 사진처럼 끝부분 시접을 먼저 접고 양쪽 시접을 접은 후, 또 반을 접어 박아줍니다.

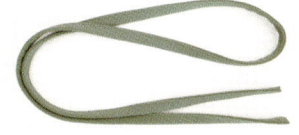

10 겉감의 앞면, 뒷면을 연결합니다.

11 바닥 폭이 있는 지퍼 파우치 만들기 방법을 이용하여 바닥 폭이 3cm인 가방을 만듭니다(p.181).

12 우드링에 끈을 묶어줍니다.

13 완성

Appliqué · Tip

- 제일 오른쪽 금색 걸이는 지그재그 스티치를 폭 1.5mm, 길이 0.5mm로 설정하고 2겹을 박아줍니다.
- 퀼팅 풋 노루발로 선을 표현하는 부분은 실로 그림을 그린다는 느낌으로 자연스럽게 손으로 원단을 움직여가면서 박아줍니다. 양끝의 공중식물은 원단을 'S'자 모양으로 움직이면서 위아래로 여러 겹 반복하면서 박아줍니다. 도안과 똑같이 박으려고 하지 않아도 괜찮습니다.

Appliqué · Bag

디자인 맵 클러치

영감이나 아이디어를 얻기 위해
스크랩 해놓은 디자인 맵을
아플리케로 옮긴 은은한 색감의 클러치입니다.

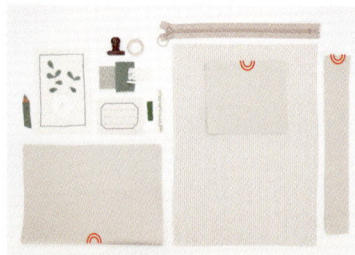

재료

겉감 25×34cm 1장, 안감 1장, 끈 4×30cm, 주머니 15×24cm, 아플리케 원단, 우드링, 집게, 면 테이프 7cm, 지퍼

재단하기

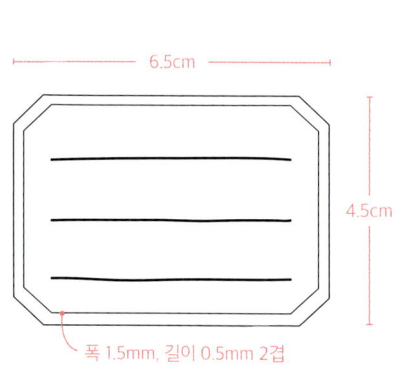

6.5cm / 4.5cm
폭 1.5mm, 길이 0.5mm 2겹

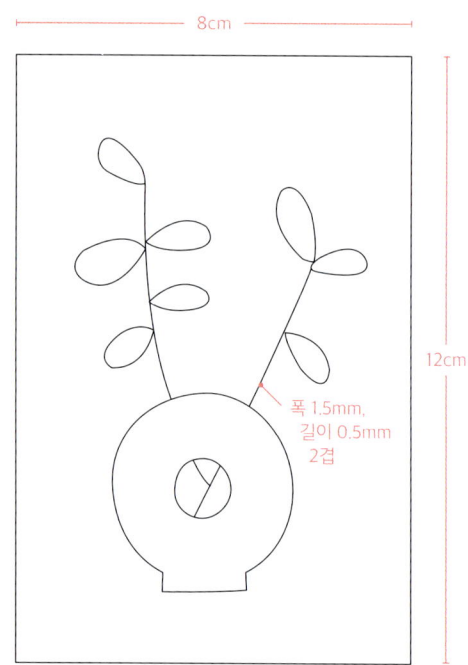

8cm / 12cm
폭 1.5mm, 길이 0.5mm 2겹

도안

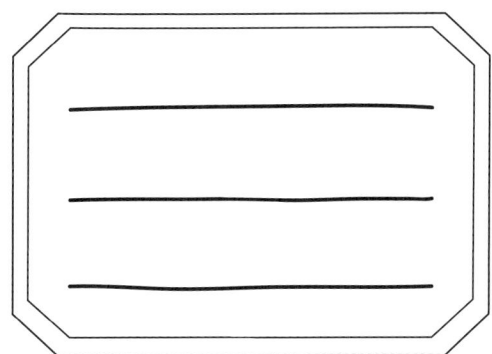

배치

Appliqué · Bag

How to Make

01 테두리 선이 들어간 아플리케는 원단을 넉넉하게 자른 상태에서 아플리케 합니다.

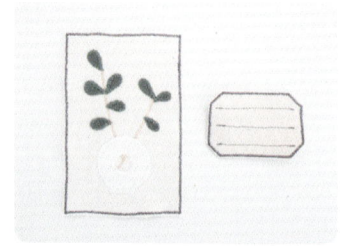

02 여백을 잘라줍니다.

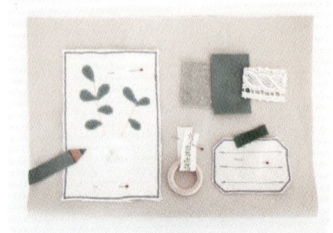

03 조각들을 잘 배치해 시침핀으로 고정한 후 박아줍니다.

04 실밥들을 잘 정리하고 집게도 집어줍니다.

05 끈의 양쪽 시접을 중심선까지 접어 다린 후, 반을 또 접어 박고 몸통에 고정합니다.

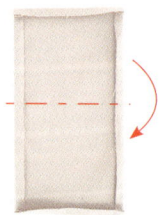

06 주머니 원단 네 변의 시접을 각 1cm씩 접은 후 반으로 접어줍니다.

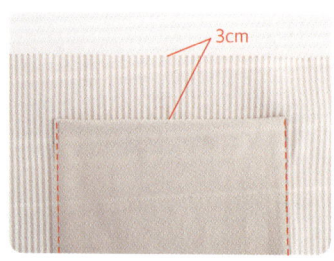

07 안감에 주머니를 올리고 박아줍니다.

08 기본 지퍼 파우치 만들기 방법을 이용하여 클러치를 만듭니다(p.42).

Appliqué · Tip

- 식물의 사각 테두리와 마스킹 테이프를 붙인 메모지의 테두리는 지그재그 스티치를 폭 1.5mm, 길이 0.5mm로 설정하고 2겹을 박아줍니다. 식물의 사각 테두리를 원단에 고정시킬 때는 집게가 들어갈 부분을 남기고 박아줍니다.
- 식물의 줄기는 지그재그 스티치를 폭 1.5mm, 길이 0.5mm로 설정하고 2겹을 박아줍니다.
- 나머지 원단 조각들과 마스킹 테이프 아플리케는 도안이 따로 없으니 적당한 사이즈로 잘라서 배치하면 됩니다.

Appliqué · Bag

플라워
삼각 클러치

입체감 있는 삼각 형태의 클러치입니다.
지갑이나 휴대폰을 넣고 다니기 좋은 사이즈로
가볍게 마실 갈 때 들고 다니기 좋습니다.

재료

겉감 47×24cm 1장, 4온스 접착 솜 심지 1장, 안감 1장, 끈 6.5×36cm, 지퍼 끝막음 원단 3.5×3.5cm, 면 테이프 3×26cm, 금속 지퍼 22cm

재단하기

도안

How to Make

01 겉감에 접착 솜 심지를 붙입니다.

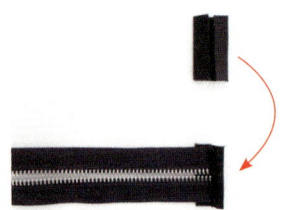
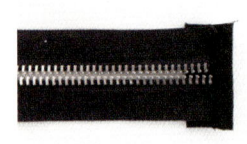
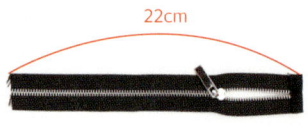

02 지퍼 끝막음 원단을 사진처럼 접은 후, 지퍼 끝부분에 대고 박아줍니다.

03 오른쪽 겉감에 지퍼를 박아줍니다.

04 그 위에 안감을 올려 박아줍니다.

How to Make

05 안감을 반대편으로 넘기고 지퍼를 왼쪽 겉감에 박아줍니다.

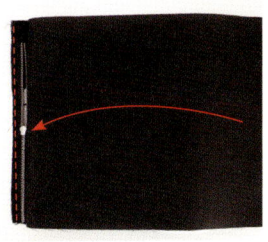

06 그 위에 안감을 올려 박아줍니다.

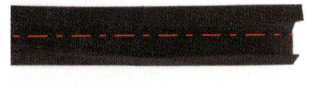

07 끈은 양쪽 시접을 1cm씩 접어 다린 후, 반을 또 접어 양쪽을 박아줍니다.

08 반을 접어 고정합니다.

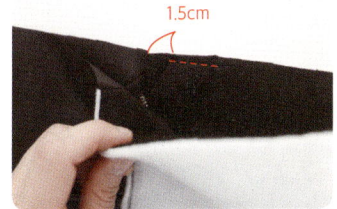

09 사진에 표시한 위치에 끈을 박아줍니다.

10 지퍼를 가운데에 두고 겉감은 겉감끼리 안감은 안감끼리 맞닿게 한 후, 표시한 부분을 박아줍니다.

11 뒤집어서 밑부분을 박아 겉감과 안감을 고정합니다.

12 안감이 보이도록 뒤집어줍니다.

How to Make

13 삼각 형태로 만들어 밑부분을 박아줍니다.

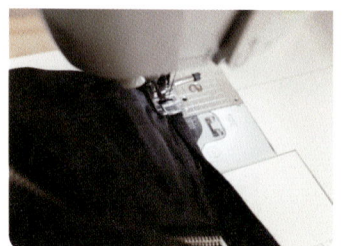

14 면 테이프를 반으로 접은 후 시접에 대고 박아줍니다.

15 뒤집어서 모양을 잘 잡아주면 완성!

Appliqué · Bag

Appliqué · Bag

티타임 클러치

아늑한 공간에서 갖는 티타임.
아기자기한 색감과 따뜻한 느낌의 원단으로 표현해보았습니다.
지그재그 스티치로 테두리를 박아서
액자 인에 그림이 담겨 있는 것처럼 보입니다.

재료

겉감 31×43cm 1장, 안감 1장, 4온스 접착 솜 심지 1장, 주머니 16×26cm, 아플리케 원단, 지퍼 끝막음 원단 3.5×3.5cm, 금속 지퍼 28cm

재단하기

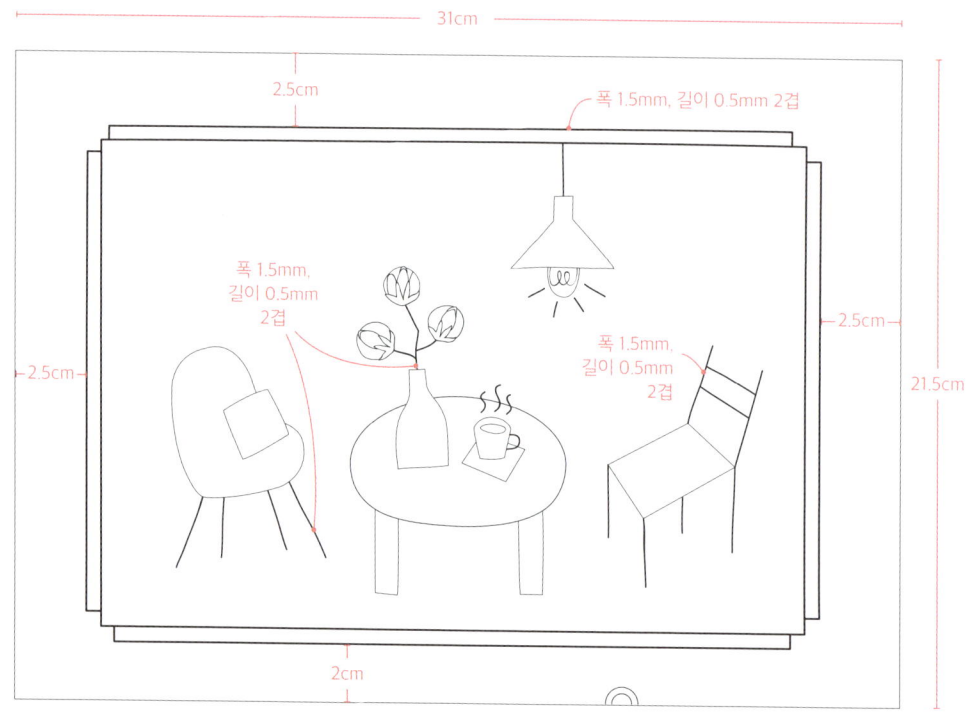

실물 도안 별지

Applique · Bag

How to Make

01 아플리케 한 원단 뒤에 접착 솜 심지를 붙입니다.

 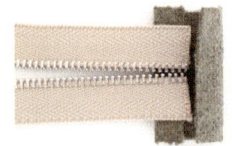 

02 지퍼 끝막음 원단을 사진처럼 접은 후, 지퍼 양 끝부분에 대고 박아줍니다(튀어나온 원단은 잘라줍니다).

03 주머니 원단 네 변의 시접을 각 1cm씩 접은 후, 반으로 접어줍니다.

04 안감에 주머니를 올리고 박아줍니다.

05 기본 지퍼 파우치 만들기 방법을 이용하여 클러치를 만듭니다(p.42).

Appliqué · Tip

- 액자 프레임, 의자 다리, 목화솜 가지는 지그재그 스티치를 폭 1.5mm, 길이 0.5mm로 설정하고 2겹을 박아줍니다.
- 퀼팅 풋 노루발로 선을 표현하는 부분도 2겹씩 박고 목화솜의 갈색 부분은 손으로 원단을 왔다 갔다 움직여가면서 여러 번 박아줍니다.

Appliqué · Bag

정물화 가방 1

정물화의 선과 컬러를 단순화하고
구도를 재미있게 배치해 아플리케 한 가방입니다.
모직 원단을 사용해서
더욱 고급스럽고 따뜻한 느낌이 듭니다.

재료

겉감 42×34cm 2장, 옆선 겉감 7×106cm 1장, 끈 8×75cm 2장, 안단 42×7cm 2장, 옆선 안단 7×7cm 2장, 안감 42×29cm 2장, 옆선 안감 7×96cm 1장, 주머니 20×40cm, 아플리케 원단, 자석단추, 지퍼

재단하기

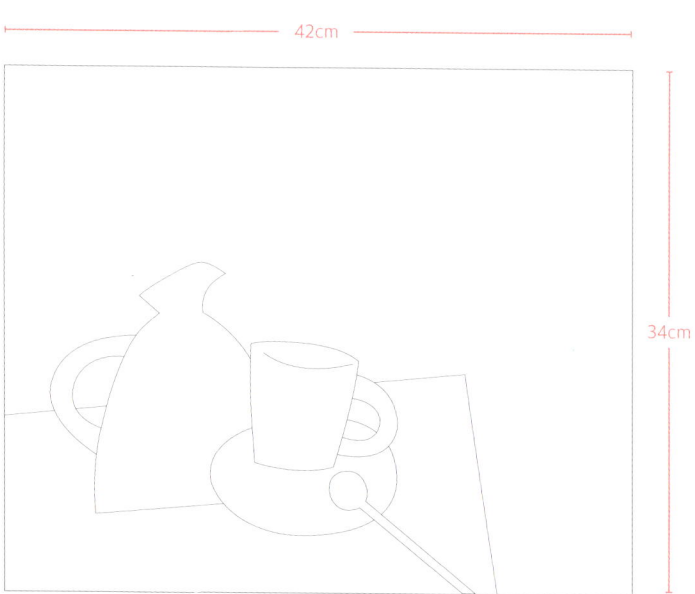

실물 도안 별지

Appliqué · Bag

How to Make

01 겉감과 옆선을 연결합니다.

02 뒤집어줍니다.

03 안감은 안단과 주머니를 연결한 후 창구멍을 남기고 옆선을 박아줍니다.

04 기본 숄더백 만들기 방법을 이용하여 가방을 완성합니다 (p.174).

Appliqué · Tip

- 컵의 테두리는 퀼팅 풋 노루발을 사용해 2겹을 박아줍니다. 여러 겹 박을수록 선이 굵고 뚜렷해집니다.

Appliqué · Bag

정물화 가방 2

정물화의 선과 컬러를 단순화하고
구도를 재미있게 배치해 아플리케 한 가방입니다.
모직 원단을 사용해서
너욱 고급스럽고 따뜻한 느낌이 듭니다.

재료

겉감 42×34cm 2장, 옆선 겉감 7×106cm 1장, 끈 8×75cm 2장, 안단 42×7cm 2장, 옆선 안단 7×7cm 2장, 안감 42×29cm 2장, 옆선 안감 7×96cm 1장, 주머니 20×40cm, 아플리케 원단, 자석단추, 지퍼

재단하기

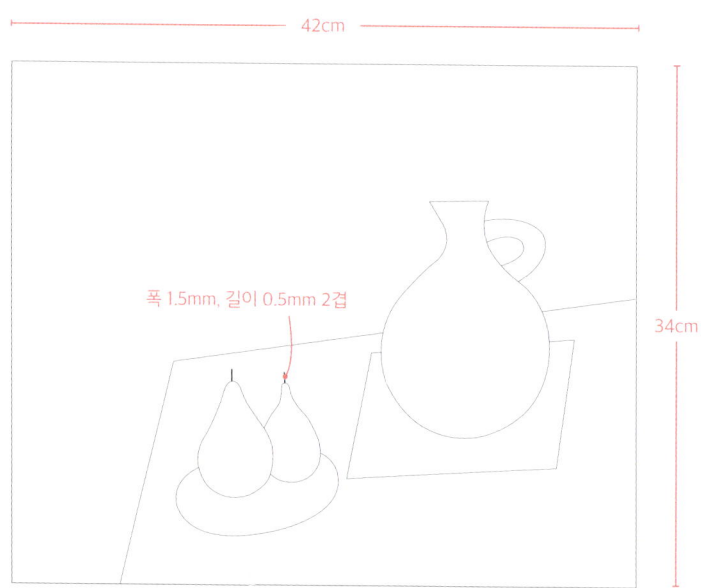

42cm

34cm

폭 1.5mm, 길이 0.5mm 2겹

실물 도안 별지

Appliqué · Bag

How to Make

정물화 가방1을 만드는 방법과 동일합니다(p.292).

Appliqué · Tip

- 서양 배의 꼭지는 지그재그 스티치를 폭 1.5mm, 길이 0.5mm로 설정하고 2겹을 박아줍니다.
- 서양 배의 그릇은 퀼팅 풋 노루발을 사용해 2겹을 박아줍니다. 여러 겹 박을수록 선이 굵고 뚜렷해집니다.

아플리케가 있는
파우치와 가방 만들기

초판 1쇄 발행 2018년 8월 16일

지은이 양은주
펴낸이 이지은
펴낸곳 팜파스
기획·진행 이진아
편집 정은아
일러스트 정은영
디자인 박진희
마케팅 정우룡
인쇄 케이피알커뮤니케이션

출판등록 2002년 12월 30일 제10-2536호
주소 서울시 마포구 어울마당로5길 18 팜파스빌딩 2층
대표전화 02-335-3681   **팩스** 02-335-3743
홈페이지 www.pampasbook.com | blog.naver.com/pampasbook
이메일 pampas@pampasbook.com | pampasbook@naver.com

값 20,000원
ISBN 979-11-7026-215-2 13590

ⓒ 2018, 양은주

- 이 책의 일부 내용을 인용하거나 발췌하려면 반드시 저작권자의 동의를 얻어야 합니다.
- 잘못된 책은 바꿔 드립니다.

이 책에 나오는 작품 및 일러스트는 저자의 소중한 작품입니다.
작품에 대한 저작권은 저자에게 있으며 2차 수정·도용·상업적 용도·수업 용도의 사용을 금합니다.

이 도서의 국립중앙도서관 출판예정도서목록(CIP)은 서지정보유통지원시스템 홈페이지
(http://seoji.nl.go.kr)와 국가자료공동목록시스템(http://www.nl.go.kr/kolisnet)에서
이용하실 수 있습니다.(CIP제어번호: CIP2018023165)